APERÇU DU DROIT CONGOLAIS AU LOGEMENT À LA LUMIÈRE DU DROIT INTERNATIONAL ET COMPARÉ

Abréviations & acronymes

ACOPRIM : Agence Congolaise de Promotions Immobilières

AIJC : Conférence Africaine du Journalisme d'Investigation

ANSD : Agence Nationale de la Statistique et de la Démographie du Sénégal

ART. : Article

BAD : Banque Africaine de Développement

CAB. : Cabinet

CCCLIII : Code Civil Congolais Livre III

CDPDJ : Commission des Droits de la Personne et des Droits de la Jeunesse Du Québec

CEDH : Convention Européenne des Droits de l'Homme

CIJ : Cour Internationale de Justice

ADL : Association Droit au Logement

DESC : Droits Économiques, Sociaux et Culturels

DUDH : Déclaration Universelle des Droits de l'homme

FONHAB : Fond National d'Habitat

FRAPRU : Front d'Action Populaire en Réaménagement Urbain

GUDPEC : Guichet Unique de Délivrance des Permis de Construire

HCDH : Haut-Commissariat aux Droits de l'Homme

HLM : Habitations à Loyers Modérés

INSEE : Institut National de la Statistique et des Études Économiques

J.C : Jésus-Christ

J.O : Journal Officiel MIN.: Ministère

OIM : Organisation Internationale de Migration

OMS : Organisation Mondiale de la Santé

ONG : Organisation Non Gouvernementale

ONL : Office National de Logement

ONU : Organisation des Nations Unies

ONU-HABITAT : Programme des Nations unies pour les établissements humains

OPJ : Officier de Police Judiciaire

P.U.C : Presses Universitaires congolaises

P.U.F : Presses Universitaires Françaises

PIDCP : Pacte International Relatif aux Droits Civils et Politiques

PIDESC : Pacte International Relatif aux Droits Économiques, Sociaux et Culturels

PPP : Partenariat Public-Privé

RDC : République Démocratique du Congo

UNICEF : Fonds des Nations-Unies pour l'Enfance

UNIKIN : Université de Kinshasa

UPN : Université Pédagogique Nationale

Ange SANKIEME LUSANGA

APERÇU DU DROIT CONGOLAIS AU LOGEMENT À LA LUMIÈRE DU DROIT INTERNATIONAL ET COMPARÉ

Préface de Crispin MBADU PHANZU

L'Harmattan

Du même auteur chez L'Harmattan RDC

Manuel de droit international humanitaire, 2022

Immigration et nationalité. Droit français, helvétique et congolais (RD Congo) à la lumière du droit international, 2023

Profession d'avocat. Mode d'accès sans discrimination et non-respect du principe de la réciprocité (France, Suisse et R.D. Congo), 2025

5–7, rue de l'École-Polytechnique – 75005 Paris

www.editions-harmattan.fr
ISBN : 978-2-336-58559-8
EAN : 9782336585598
Dépôt légal : Février 2026

Préface

Quand l'auteur de ce livre m'a sollicité pour préfacer cet ouvrage, je n'ai pas longtemps hésité de m'acquitter de cette tâche, d'autant plus qu'il est un ami et de surcroit, un cadre dans une des structures qui émanent du ministère où je suis le principal animateur, à savoir le ministère de l'Urbanisme et Habitat. C'est donc un grand honneur et un privilège pour moi d'accepter d'écrire cette préface par simple enthousiasme de vouloir rendre service. C'est aussi une façon d'encourager un collaborateur qui contribue à la visibilité et au rayonnement de notre ministère en République Démocratique du Congo.

L'auteur aborde un sujet qui concerne toute personne responsable et soucieuse de son bien-être et de son épanouissement personnel, à savoir, l'accès à un logement décent pour tout citoyen. Ce souci d'accéder à un logement constitue un des droits fondamentaux formulés dans la déclaration des droits de l'homme. Mais les lois et la politique éditées par chaque pays contribuent-elles à favoriser la concrétisation de ce rêve ? C'est là où l'auteur de cet ouvrage intervient pour interpeler les décideurs politiques dans chaque pays.

Avec la pauvreté galopante dans les milieux ruraux, consécutive à une insuffisance d'activités économiques génératrices des revenus, nos populations rurales abandonnent leurs villages et se ruent vers les grandes agglomérations dans l'espoir d'y trouver des opportunités d'emploi et améliorer ainsi leur mieux-être. Malheureusement, très peu arrivent à s'en sortir, mais pour la majorité, elles viennent gonfler inutilement les milieux urbains et engendrent d'autres problèmes plus graves encore, tels que l'insalubrité, les nuisances sonores, la création des bidonvilles consécutives à la pénurie de logement.

L'état dont les ressources financières sont souvent limitées, n'arrive pas à résorber tout ce monde en quête d'un emploi ou d'un logement et ne peut satisfaire cette nouvelle clientèle butée à de nombreux problèmes de survie.

Cet ouvrage se présente comme une plaidoirie pour les démunis, les défavorisés et interpelle les décideurs politiques à repenser leur politique dans l'affectations des ressources financières de l'État, en accordant une attention toute particulière à l'épineux problème de logement pour cette catégorie de personnes, car le manque de logement décent, engendre toute une multitude de problèmes qui gangrènent le développement socio-économique de la population.

Bref, je tiens à féliciter l'auteur pour nous avoir pondu cet ouvrage et je l'exhorte à pousser davantage sa réflexion pour nous produire d'autres ouvrages aussi percutants qui nous aideront à mûrir nos réflexions pour trouver des solutions réalistes à nos problèmes et relever le défi de vivre harmonieusement ensemble, quelle que soit, la catégorie sociale de la population.

Crispin MBADU PHANZU
Ministre

Introduction

Ce texte a pour objet un aperçu droit congolais au logement à la lumière du droit international et comparé.

En effet, le droit à un logement convenable a été reconnu comme faisant partie intégrante du droit à un niveau de vie suffisant dans la déclaration universelle de droit de l'Homme dans son article 25 qui dispose : « Toute personne a droit à un niveau de vie suffisant pour assurer sa santé, son bien-être et ceux de sa famille, notamment pour l'alimentation, l'habillement, le logement, soins médicaux ainsi que pour les services sociaux nécessaires ; elle a droit à la sécurité en cas de chômage, de maladie, d'invalidité, de veuvage, de vieillesse ou dans les autres cas de perte de ses moyens de subsistance par suite de circonstances indépendantes de sa volonté[1]. »

Repris également, dans le Pacte international relatif aux droits économiques, sociaux et culturels dans son article 11 qui dispose : « Les Etats parties au présent Pacte reconnaissent le droit de toute personne à un niveau de vie suffisant pour elle-même et sa famille, y compris une nourriture, un vêtement et un logement suffisant, ainsi qu'à une amélioration constante de ses conditions d'existence. Les Etats parties prendront des mesures appropriées pour assurer la réalisation de ce droit et ils reconnaissent à cet effet l'importance essentielle d'une coopération internationale librement consentie.[2]

De même dans la constitution congolaise du 18 février 2006 telle que modifiée et révisée par la loi n° 11/002 du 20 janvier 2011 portant révision de certains articles de la

---

[1] Déclaration Universelle de Droits de l'Homme 1948

[2] Pacte international relatif aux droits économiques, sociaux et culturels 1966

Constitution de la République démocratique du Congo, dans les dispositifs de son article 48 qui dispose : « Le droit à un logement décent, le droit d'accès à l'eau potable et à l'énergie électrique sont garantis. La loi fixe les modalités d'exercice de ces droits ». Cette disposition, sous-entend que tout citoyen qui n'a pas l'accès au logement est en droit de saisir les cours et tribunaux pour condamner l'Etat congolais à lui assurer un logement décent.

L'accès à un logement est l'un des défis les plus redoutables du 21ème siècle pour les pays africains, l'urbanisation rapide, l'augmentation de la pauvreté conjuguée à la croissance de la population et à l'exode rural poussent la population à résoudre d'elle-même ses problèmes de logements sans tenir compte de la réglementation en matière du logement.[3]

Le droit au logement est un droit universel. C'est un droit reconnu pour chaque personne à tous les niveaux de l'existence humaine. Ce droit appartient aux droits de la deuxième génération, ces derniers sont planifiés et l'Etat doit intervenir de façon positive selon ses possibilités pour favoriser leurs jouissances. Avec ces droits, l'on attend de l'Etat non plus la grande abstention possible mais plutôt son intervention en matière économique et sociale pour la réalisation du bien-être de tous. Constitués des prestations matérielles fournies par la communauté publique, les droits de la deuxième génération garantissent aux citoyens un cadre de vie propice à leur épanouissement[4].

Le droit au logement est porté par les instruments juridiques internationaux[5], Le droit au logement que l'on peut

---

[3] MANTEMPA NZINUNU, J., « Facteurs associés à l'accès d'un logement décent dans les milieux urbains congolais », *Revues universitaire*, UNIKIN, Kinshasa, 2015

[4] J.L ESAMBO KANGASHE, *Traité de droit constitutionnel congolais*, L'Harmattan, Paris, 2017, p.325

[5] Le droit à un logement convenable a été reconnu comme faisant partie intégrante du droit à un niveau de vie suffisant dans la Déclaration

définir comme la nécessité de disposer d'une habitation convenable fait partie de ces droits sociaux pour lesquels l'Etat est sollicité à intervenir dans la mesure où il en est « le débiteur ». A ce titre, il est considéré comme un droit de « statut positif », pour reprendre l'expression de Georg Jelinek, visant à provoquer l'action étatique et est qualifié de droit-créance, c'est-à-dire de « droit à avoir des droits »[6]

Comme objectif, à travers ces lignes, je me propose de faire prendre conscience que la question du logement décent garantissant la sécurité des personnes, n'est pas un luxe mais un droit reconnu par les constitutions des Etats. Ainsi, il devient clair que tout Etat a le devoir de garantie un logement convenable à ses citoyens. Ces derniers peuvent le traduire en justice en cas de non-respect de cette obligation constitutionnelle.

Certaines questions ont été soulevées dans ce texte : Quelles sont les conceptions générales du droit au logement en droit international et comparé ? Que retenir de la protection et de la promotion du droit au logement au niveau international. ? Quel es le mécanisme de protection et de promotion du droit au logement en Afrique ? Qu'en est-il pour la République Démocratique du Congo ?

En guise d'hypothèse, dans la lumière de cette disposition, il devait avoir une loi comme le prévoit la constitution. Les droits de l'Homme n'ont de sens que dans la mesure où ils jouent contre l'Etat, et on peut les opposer à l'Etat qui les octroie. Cependant, si l'on valide cette assertion, il est donc contre l'Etat considérer les droits de l'Homme comme des droits contre ce dernier dont il doit rendre compte, il devient comptable des droits de l'Homme.

---

universelle des droits de l'homme de 1948 et dans le Pacte international relatif aux droits économique, sociaux et culturels de 1966.

[6] J. CLAUDE ODERZO, « Le droit au logement dans les communautés des Etats membres », in *Revue internationale de droit comparé [*Vol.53 N°4], Paris, Octobre-décembre 2001, p.914

Aussi, autre hypothèse, l'accumulation de logements décents est cruciale tant par son effet sur les niveaux des vies que par le rôle central qu'elle joue dans le développement économique et social, car un logement décent améliore la santé des occupants et permet de participer au marché du travail, le foyer et son environnement.[7] Par ailleurs, la vulnérabilité de l'enfant demande que ce dernier puisse avoir une protection spéciale, l'incapable qu'il est, l'Etat congolais s'oblige de garantir un logement convenable et décent pour les enfants par le biais de ses parents, dans un cadre décent pour le lui permettre de bien évoluer.

De ce fait, le droit d'une personne privée correspond à l'obligation de l'Etat, le logement est une des principales préoccupations des citoyens, du fait que, chacun a besoin d'un endroit pour y habiter et de vivre car tout celui qui est dépourvu d'un logement est contrait de rester et de vivre dans la rue. Par ce motif, l'on aperçoit ainsi que l'habitation est un bien précieux au point de vu que chacun entrevoit sans difficultés la nécessité d'avoir un toit pour y habiter.

Cependant, l'ordre familial doit être encouragé par une politique de l'habitat. Chaque famille doit pouvoir trouver à se loger notamment des avantages sociaux, (allocations familiales, allocations de logements), des avantages fiscaux et une politique d'habitat. Chaque famille doit pouvoir trouver à se loger convenablement[8].

En effet, il ne faut pas entendre le droit au logement dans un sens étroit ou restreint, qui l'égale au simple fait d'avoir un toit au-dessus de sa tête, ou qui le prend exclusivement comme un bien. Il convient au contraire de l'interpréter comme le droit à un lieu où l'on puisse vivre en sécurité, dans la paix et la dignité[9].

---

[7] *Idem*

[8] J. MOBUTU SESE SEKO, *Manifeste de la N'sele*, Forcad, kin, 1984,p.22

[9] C. GOLAY et M. OZDEN, *DROIT au logement*, Centre Europe-Tiers Monde (CETIM), Genèse, Août 2007, p.6.

Comme limite, je reste convaincu que la question de droit au logement se pose dans plusieurs pays, surtout en Afrique. Je me limite surtout à la République Démocratique du Congo, mon pays. L'expérience du vécu quotidien des populations, la problématique du logement reste une préoccupation que j'ai observée. Je sais cependant que mes cogitations se vérifient aussi ailleurs. Je n'ai pas non plus la prétention d'épuiser le débat sur cette question. Les apports des autres chercheurs sont souhaitables et indispensables pour enrichir et compléter ma réflexion.

Ma démarche est surtout juridique, enrichie par la lecture des textes juridiques et l'observations du vécu concret des populations. La méthode analytique et critique a été indispensable pour asseoir mes convictions.

Avant d'aller en profondeur dans notre étude, le droit comparé de droit au logement et en suite la confrontation du droit au logement avec certaines notions de droit. Le texte est organisé en quatre chapitre. Le premier a pour pierre de touche les cconceptions générales du droit au logement en droit international et comparé. Le second porte sur la protection et la promotion du droit au logement au niveau international. Le troisième chapitre a pour objet le mécanisme de protection et de promotion du droit au logement en Afrique. Le dernier chapitre se penche sur le mécanisme de protection et de promotion du droit au logement en République Démocratique du Congo

Chapitre 1

Conceptions générales du droit international du droit au logement et droit comparé

Ce premier chapitre porte sur les conceptions générales du droit au logement en droit international et comparé. Il est organisé en deux sections. La première parle du droit international du droit au logement. Le second évoque la confrontation du droit au logement avec le droit de propriété.

Section 1. Droit international du droit au logement

En définitive, le droit au logement est un droit économique et social à bénéficier d'un logement convenable ou d'un abri. Il est reconnu par plusieurs textes internationaux et dans les constitutions de plusieurs pays du globe.

Nous l'avons vu, sur le plan international en plus de la Déclaration universelle des droits de l'homme qui n'a pas de force contraignante, le Pacte international relatif aux droits économiques, sociaux et culturels affirme dans son article 11 : « Les États parties au présent Pacte reconnaissent le droit de toute personne à un niveau de vie suffisant pour elle-même et sa famille, y compris une nourriture, un vêtement et un logement suffisants, ainsi qu'à une amélioration constante de ses conditions d'existence. Les États parties prendront des mesures appropriées pour assurer la réalisation de ce droit et ils reconnaissent à cet effet l'importance essentielle d'une coopération internationale librement consentie »[10].

---

[10] Article 11 de la Déclaration Universelle des Droits de l'Homme du 10 Décembre 1948

Par ailleurs, le principe 15 des Principes de Jogjakarta, sur le droit international des droits de l'homme en manière d'orientation sexuelle et d'identité sexuelle affirme de son côté que « toute personne a droit à logement convenable, y compris à une protection légale contre l'expulsion, sans discrimination fondée sur l'orientation sexuelle ou l'identité de genre ».

Le droit à un logement convenable a été une question-clé du sommet sur l'Habitat de 1996 à Istanbul, et au cœur de l'Accord d'Istanbul et du Programme pour l'habitat. Le paragraphe 61 de l'ordre du jour identifie les mesures requises par les gouvernements pour « promouvoir, protéger et assurer la réalisation pleine et progressive du droit à un logement convenable ». Le sommet sur l'Habitat de 2001 (dit *Istanbul +5*), a réaffirmé l'Accord d'Istanbul et le Programme pour l'habitat de 1996, et a établi le Programme des Nations unies pour les établissements humains pour promouvoir le droit au logement en coopération avec le Haut-Commissariat aux droits de l'homme. Connu sous le nom d'ONU-HABITAT, ce programme est le forum international le plus important pour le droit au logement. Il promeut les droits au logement à travers des campagnes de sensibilisation, et de développer des références et des systèmes de suivi. . Je parle du droit comparé et de la différence entre droit au logement et certaines notions voisines.

§1. Droit comparé

Bien que l'Allemagne ne reconnaît pas le droit au logement, les articles 20 et 28 de sa loi fondamentale de 1949 reconnaissent le principe social de l'État et impliquent « la reconnaissance de l'idée de solidarité, de la justice sociale, de l'égalité factuelle et la complémentarité entre les libertés individuelles et leurs conditions sociales »[11]. Ce principe va permettre au législateur d'adapter le droit à celui du logement, ce qui fut coulé dans une loi et garanti dans tous les Länder mais non appliqué.

---

[11] WEBER, 1995, p. 681

Depuis 1994, le droit au logement est inscrit dans la Constitution belge. L'article 23 de la Constitution énonce : « Chacun a le droit de mener une vie conforme à la dignité humaine ...le droit à un logement décent. » Mais le logement et ses charges croissantes grèvent lourdement le budget des ménages.

Au Québec (et ailleurs au Canada), le droit à un logement convenable n'est pas explicitement prévu dans la Charte des droits et libertés de la personne ou la Charte canadienne des droits et libertés. Les États généraux du travail social ont recommandé l'inclusion d'un droit au logement dans la Charte québécoise. Il existe certes un « droit au maintien dans les lieux » en vertu du Code civil du Québec, mais ce droit vise le maintien dans les lieux de personnes qui ont déjà un logement et empêche l'éviction arbitraire pour des raisons non autorisées par la loi.

Le Canada n'a pas mis en œuvre le PIDCP au moyen d'une loi constitutionnelle de mise en œuvre, bien qu'il ait adhéré à ce traité. Au moment de rédiger la Charte canadienne des droits et libertés, son choix a été de seulement mettre en œuvre PIDCP. Toutefois, en vertu d'une jurisprudence de la Cour suprême, les Chartes sont interprétées en fonction d'une présomption de conformité aux deux pactes internationaux. La présomption de conformité a permis à la Cour suprême de conclure que le droit de grève et le droit à la négociation collective font implicitement partie de la Charte canadienne par le biais de la liberté d'association. Mais jusqu'à présent, la Cour suprême n'est pas allée plus loin dans l'intégration des droits du PIDESC, elle n'a pas été en mesure de rattacher d'autres droits des pactes internationaux à la Charte canadienne ou à la Charte québécoise.

Bien qu'il soit exact que le droit au logement n'est nullement inclus de manière explicite dans les Chartes, certains juristes de haut niveau soutiennent qu'il est implicitement protégé. Selon Philippe-André Tessier, président de la Commission des droits de la personne, « ce droit fait implicitement partie du droit à des mesures d'assistance financière et à des mesures sociales susceptibles d'assurer un niveau de vie décent, énoncé à l'article 45 de la Charte québécoise ».

En Amérique qui est un pays au droit très libéral, la Constitution ne prévoit rien à ce sujet, et aucune juridiction n'a vraiment mis en place un droit au logement, ni même un droit systématique à un abri hormis quelques exceptions. Ce contexte a aggravé les effets de la crise des subprimes en mettant à la rue un grand nombre d'Américains ruinés par les actifs pourris achetés par leurs banques.

Toutefois, quelques semi-exceptions existent :

- dans le Massachusetts, les familles ont un droit de se loger, mais pas les sans-abri.

- dans ville de New York, chacun a théoriquement le droit à un abri d'urgence.

- en Californie, les enfants fugueurs ont le droit d'être admis dans des refuges d'urgence sans le consentement des parents.

La loi se limite à la notion de logement équitable, en interdisant la discrimination au moment de l'achat ou de la location d'un logement, pour les personnes handicapées ou de couleur par exemple (à revenus ou droits égaux). La loi sur le logement équitable a été votée dans le cadre de la loi sur les droits civiques de 1968 protégeant contre la discrimination, mais elle ne vaut que pour ceux qui peuvent payer. Les autres sont souvent facilement et rapidement expulsés de leur logement qui, s'ils en étaient propriétaires, est alors généralement saisi par les créanciers pour être revendu.

Et depuis les années 2010, une tendance nouvelle est le rachat de celles de ces maisons saisies qui sont les mieux placées (du point de vue de la spéculation immobilière) par des fonds vautours et/ou des méga propriétaires (ex : le groupe Pretium Partner/Progress Résidential, Invitation

Homes, *Star Wood Capital Group* ou encore American Homes 4 Rent) qui les mettront en location, en fixant des loyers et des critères en réalité très discriminants. Les logements de qualité deviennent dans les régions recherchées inabordables, et des critères d'attribution très sélectifs dans l'accès à la location éliminent pour plusieurs années la plupart des personnes ayant purgé une peine de prison (fait très courant aux États-Unis), ce qui est source d'accès discriminatoire au logement car les personnes de couleur sont encore statistiquement défavorisées, un phénomène jugé préoccupant par diverses études dans ce pays.

En 2020-2021, en pleine pandémie de Covid-19 aux États-Unis, bien qu'un moratoire ait été décidé par les Centres pour le contrôle et la prévention des maladies et le gouvernement, interdisant toute expulsion en période pandémique, alors que les directives de confinement demandaient aux gens de rester chez eux dans toute la mesure du possible, les expulsions de locataires et menaces d'expulsions se poursuivaient, voire augmentaient, de la part des méga-propriétaires, ce qui a pu aussi contribuer à augmenter le nombre des sans-abri et aggraver la pandémie de Covid-19 aux États-Unis.

Fin mars 2021, sur la base de plaintes et de cas documentés par la presse, le Consumer Financial Protection Bureau et la Fédéral Trade Commission ont annoncé l'ouverture d'une enquête sur les pratiques d'expulsion, en particulier pratiquées par les principaux grands propriétaires multi-États, les services de gestion des expulsions et les sociétés de capital-investissement. Le Congrès enquête aussi sur des viols du moratoire national sur les expulsions en temps de pandémie, et le sénateur Sherrod Brown (D-Ohio), qui préside la *Commission sénatoriale des banques*, a demandé à *Progress Residential* d'expliquer pourquoi ses demandes d'expulsion à l'ère de la pandémie semblent avoir pesé davantage sur les communautés à majorité noire (alors que dans l'article 20 du document sur les critères d'éligibilité à la location d'une maison de Progress Résidentiel, ce dernier s'engage « en faveur de l'égalité de logement ; Le propriétaire et ses agents s'engagent à offrir des opportunités de logement égales à tous les candidats à la location, sans distinction de race, de couleur, de religion, d'origine nationale, de sexe, de handicap, de statut familial ou de tout autre statut protégé »).

« Les principaux grands propriétaires de maisons à louer dans plusieurs Etats forcent les gens à quitter leur domicile malgré les interdictions du gouvernement et/ou avant que les locataires ne soient conscients de leurs droits », sachant qu'en outre « beaucoup de locataires parmi les Américains les plus âgés et les personnes de couleur risquant d'être expulsés sont aussi déjà confrontés à des risques accrus de COVID-19 ».

Le droit au logement est dans le droit en France considéré comme découlant de la rédaction des 10e et 11e alinéas du préambule de la Constitution du 27 octobre 1946, qui fait partie de textes à valeur constitutionnelle :

- Al. *10 : La Nation assure à l'individu et à la famille les conditions nécessaires à leur développement.*

- Al. 11 : Elle garantit à tous, notamment à l'enfant, à la mère et aux vieux travailleurs, la protection de la santé, la sécurité matérielle, le repos et les loisirs. Tout être humain qui, en raison de son âge, de son état physique ou mental, de la situation économique, se trouve dans l'incapacité de travailler au droit d'obtenir de la collectivité des moyens convenables d'existence.

Cité par la loi Quilliot du 22 juin 1982 (« *Le droit à l'habitat est un droit fondamental* »), puis par la loi Mermaz du 6 juillet 1989, le droit au logement est l'objet principal de la loi du 31 mai 1990 visant à la mise en œuvre du droit au logement, dite loi Besson. Cette loi affirme que « garantir le droit au logement constitue un devoir de solidarité pour l'ensemble de la nation ». Ce droit ne signifie pas que la nation a l'obligation de fournir un logement à toute personne qui en fait la demande, mais qu'elle doit apporter une aide, dans les conditions prévues par ladite loi, aux personnes qui remplissent les conditions pour en bénéficier.

L'abbé Pierre a incarné dans l'après-guerre le début d'un mouvement militant social qui a fini par pousser les pouvoirs publics à adopter la loi instituant le droit au logement opposable (en 2007).

Entre-temps, un « Comité des mal-logés » est apparu en 1986 (utilisant l'occupation de logements HLM comme mode d'action et de communication politique) afin de sortir de l'« exclusion sociale » une partie de la population, en partie issue de l'immigration des années 1970 et du regroupement familial. L'association Droit au logement (DAL) est une scission de ce comité dont certains militants s'investissent dans divers mouvements de défense des sans-papiers et « sans- droits » utilisant les manifestations, occupations de logements vides, des grèves des loyers voire des grèves de la faim pour se faire entendre. Par une décision du 19 janvier 1995, le Conseil constitutionnel a considéré que « la possibilité de disposer d'un logement décent est un objectif à valeur constitutionnelle ».

Enfin, la jurisprudence l'a rendu invocable dans certains cas précis, notamment lors d'une demande d'expulsion de gens du voyage dans une commune de plus de 5.000 habitants n'ayant aucun terrain d'accueil. Le Luxembourg s'engage vers le droit au logement, qui garantit la cohésion sociale, à travers une série d'aides au logement qui sont en place.

Au Royaume-Uni, le *Housing Act* de 1977 impose aux communes de fournir un logement permanent aux personnes dans le besoin. Toutefois ce droit est soumis à certaines conditions qui en limitent l'application, telles que la démonstration par le demandeur de sa « bonne foi » ou son appartenance à certaines catégories « prioritaires. »

En Écosse, Pour Gavin Corbett, de l'association Shelter Scotland « Tout montre aujourd'hui que priver une partie de la population de logement à cause d'un endettement ou d'un comportement préjudiciable est contre-productif. Et qu'au bout du compte, une telle politique coûte plus cher en services sociaux ou en frais de justice ». Dans cet esprit le Parlement d'Édimbourg avait déjà voté en 1987 un *Homelessness Act* rendant les SDF prioritaires pour l'attribution de logements sociaux, pour éradiquer le phénomène ; en 1995 le nombre de SDF avait doublé. Cette législation est alors renforcée en 2003, sans les conditions restrictives du *Housing Act*, accroissant par étape les droits accordés (notamment au détriment des bailleurs) et les aides financières, jusqu'à ce qu'en 2012 le droit au logement devienne opposable devant les tribunaux ; tout Écossais pourra alors obtenir judiciairement un logement permanent des autorités locales.

En Suisse (Le droit au logement en bref Schweizerische Menschenrechtsinstitution), le droit à un logement convenable n'est pas explicitement inscrit dans la Constitution fédérale en tant que droit fondamental justiciable. L'article 12 de la Constitution fédérale suisse garantit toutefois le droit à l'aide dans des situations de détresse, qui assure que les personnes en difficulté reçoivent les moyens nécessaires pour mener une existence conforme à la dignité humaine. Cela inclut un hébergement d'urgence.

En outre, la Suisse s'est fixé comme objectif dans la Constitution fédérale que les personnes à la recherche d'un logement puissent trouver, pour elles-mêmes et leur famille, un logement approprié à des conditions supportables[12]. Les constitutions cantonales de Bâle-Ville[13], Bâle-Campagne,[14] Genève[15], et Jura[16] connaissent un droit au logement. Cela montre comment les cantons peuvent être des pionniers dans la protection des droits humains en Suisse. Le PIDESC ratifié par la Suisse garantit le droit à un niveau de vie suffisant, qui inclut le droit à un logement adéquat comme nous l'avons vu. A l'instar de nombreux autres Etats signataires, la Suisse n'a pas signé le

[12] Art. 41 de la Constitution Suisse
[13] art. 11 al. 2 let. c
[14] Art. 17 lit b
[15] Art. 38
[16] Art. 22

protocole facultatif à la Convention, qui prévoit la possibilité de déposer une plainte individuelle auprès du Comité des droits sociaux de l'ONU compétent.

Toutefois, malgré les instruments juridiques internationaux, régionaux et internes, de nombreuses personnes vivent à travers le monde dans des conditions de logement précaires et ne peuvent pas s'offrir un logement adéquat. Dans les cas extrêmes, le manque de logements abordables peut conduire à la situation de sans-abri, alors qu'il est garanti : droit à un niveau de vie suffisant, y compris, entre autres, à un logement suffisant[17]; droit au logement[18] ; droit à des conditions de vie décentes, notamment en ce qui concerne, entre autres, le logement;[19] droit à un niveau de vie suffisant, y compris, entre autres, à un logement suffisant notamment le logement [20] ainsi que droit à un niveau de vie suffisant, y compris, notamment, à un logement adéquats.[21] Que retenir de la différence entre droit au logement et certaines notions voisines ?

§2. Différence entre droit au logement et certaines notions voisines

J'évoque la différence entre logement et logis, suivie de l'explications détaillée.

A. Différence entre logement et logis

Le logement est un Immeuble bâti servant à l'habitation principale (ou secondaire) d'une personne ou d'une famille qui l'occupe à titre de propriétaire, de locataire ou d'occupant. V. demeure, résidence, domicile, local. (Droit viager au). Droit d'habitation accordé par la loi (sauf volonté

[17] Art. 11 PIDESC

[18] Art. 5, par. e, let. iii, de la Convention de l'ONU contre le racisme

[19] Art. 11 PIDCP

[20] Art. 14, par. 2, let. h, de la Convention de l'ONU sur les droits des femmes

[21] Art. 28, par. 1, de la Convention de l'ONU relative aux droits des personnes handicapées

contraire du défunt) au conjoint successible jusqu'à son décès, sur le logement appartenant aux époux ou dépendant en totalité de la succession, s'il l'occupait effectivement, à l'époque du décès de son conjoint, à titre d'habitation principale, droit au logement assorti d'un droit d'usage sur le mobilier compris dans la succession qui le garnissait, tous droits successoraux de leur nature, dont la valeur s'impute sur celle des droits successoraux recueillis par le conjoint[22]. Temporaire (droit au). Jouissance gratuite accordée de plein droit (et impérativement) par la loi, pour un an, au conjoint successible sur le logement appartenant aux époux ou dépendant en totalité de la succession, s'il l'occupait effectivement, à l'époque du décès, à titre d'habitation principale[23], droit non successoral mais matrimonial en tant qu'effet direct du mariage, dans la tradition des gains de survie, ici concentrée sur le logement mais élargie à tous les régimes matrimoniaux[24].

En français, « logis » et « logement » sont souvent utilisés de manière interchangeable, mais ils ne sont pas tout à fait synonymes. « Logement » désigne plus généralement un espace physique, un lieu où l'on vit, tandis que « logis » peut évoquer un sens plus affectif ou historique, et est parfois utilisé pour parler de la maison familiale ou du lieu de résidence habituel. En résumé, « logement » est plus neutre et fonctionnel, tandis que « logis » peut avoir une connotation plus personnelle. Il convient d'élucider cette question avec une explication détaillée.

B. Explication détaillée

Logement : ce terme est le plus courant pour désigner un espace d'habitation, qu'il s'agisse d'un appartement d'habitation, d'une maison, d'une chambre etc. il peut être utilisé

---

[22] C. civ., a. 764, 765

[23] C. civ., a. 763

[24] G. CORNU, *Vocabulaire juridique*, Ed. PUF, Paris, 2018, pp.1332-13333

dans un contexte formel, comme lors de la recherche d'un appartement ou dans les statistiques.

Logis : ce mot peut évoquer la notion de foyer ou de demeure, souvent avec une connotation plus personnelle et historique. Par exemple, on parle du « logis familial » ou de « retour au logis » pour signifier le retour dans sa maison ou dans son lieu de résidence habituel. Le terme peut aussi avoir une nuance plus ancienne ou littéraire. A titre exemplatif, logement ; « je cherche un logement à louer » (recherche d'un lieu d'habitation). logis ; « il est enfin de retour dans son logis » (retour dans sa maison, avec une connotation plus personnelle[25]. Il me semble important de confronter le droit au logement avec le droit de propriété.

Section 2. Confrontation du droit au logement avec le droit de propriété

Le droit au logement et le droit de propriété sont l'un et l'autre particulièrement illustratif des questions que peut soulever la confrontation entre droits de l'homme et libertés économiques. Cependant, le droit au logement et plus encore le droit de propriété se laissent difficilement assigner à l'une ou l'autre des deux grandes catégories dont la confrontation fait l'objet de cet ouvrage. Le droit au logement est un droit de l'homme, un droit économique et social, mais sa reconnaissance en tant que tel n'est pas entièrement acquise, au moins en France. Le droit de propriété, lui, a un caractère hybride : il est à la fois un droit de l'homme et une liberté économique.

Dans le contexte de 1789, le droit de propriété consistait à affirmer une « liberté individuelle », celle de posséder un bien, d'en disposer et d'en jouir à sa guise. Aujourd'hui, le droit de propriété revient toujours à permettre l'exercice d'une liberté, une liberté que l'on peut dire « économique », et à laquelle l'article 544 du Code civil reconnaît un caractère absolu. À cette conception individualiste a été opposée une conception sociale du droit de propriété à la fin

[25] Littré- *Dictionnaire de la langue française* https : www.littre.org

du XIXe siècle[26]. Mais dans l'une et l'autre de ces conceptions le droit de propriété reste un droit de l'homme, quoique inscrit dans un contexte politique et idéologique différent[27].

Le Conseil constitutionnel a affirmé en 1982, dans sa décision sur la loi de nationalisation, le caractère fondamental du droit de propriété, rappelant qu'il était l'un des buts de la société politique[28]. Dans cette même décision, le Conseil a établi le lien entre ce droit et la liberté d'entreprendre, liberté économique par excellence[29]. Le Conseil retient une approche similaire à celle des rédacteurs de la Déclaration de 1789, mais il précise que ce droit peut subir un certain nombre de limitations[30]. Le droit de propriété fournit donc un exemple de liberté économique totalement incluse dans le corpus des droits de l'homme.

---

[26]ZATTARA Anne-Françoise, *La Dimension constitutionnelle et européenne du droit de propriété*, Paris, LGDJ, « Bibliothèque de droit privé », 2001, p. 99.

[27] Voir à ce propos : JOSSERAND L., « Configuration du droit de propriété dans l'ordre juridique nouveau », in *Mélanges juridiques dédiés à M. le Professeur Sugiyama*, Tokyo, Association japonaise des juristes de langue française, Maison France-Japon, 1940, p. 104 : « Tout droit a une double face : la face individuelle et la face sociale. La propriété ne saurait échapper à cette loi de structure [...]. Or, il est aisément perceptible qu'entre ces deux aspects de la propriété, le social et l'individuel, il sera bien malaisé d'obtenir un équilibre parfait ; selon les tendances et l'esprit de l'époque, suivant aussi la nature du bien sur lequel porte le droit, la note sociale dominera la note individuelle ou inversement ».

[28] DC du 16 janvier 1982, no 81-132, Loi de nationalisation, §16.

[29] DC du 16 janvier 1982, no 81-132, Loi de nationalisation, §20

[30] DC du 16 janvier 1982, no 81-132, Loi de nationalisation, §16 arbitraires ou abusives étaient apportées à la liberté d'entreprendre. » Quelques mois plus tard, la Cour européenne des droits de l'homme reconnaît également le caractère fondamental du droit de propriété dans l'affaire Sporrong et Lönnroth.

Une claire mise au point Dans la décision précitée du 29 juillet 1998[31], le Conseil constitutionnel a jugé à propos de la loi d'orientation relative à la lutte contre l'exclusion que « s'il appartient au législateur de mettre en œuvre l'objectif de valeur constitutionnelle que constitue la possibilité pour toute personne de[32] disposer d'un logement décent, et s'il lui est loisible, à cette fin, d'apporter au droit de propriété les limitations qu'il estime nécessaires, c'est à la condition que celles-ci n'aient pas un caractère de gravité tel que le sens et la portée de ce droit en soient dénaturés ; que doit aussi être sauvegardée la liberté individuelle… » et il a estimé qu'en l'espèce il y avait bien dénaturation du droit de propriété et qu'en conséquence, il y avait lieu d'invalider plusieurs dispositions de la loi.

Ce qui signifie clairement que « la possibilité pour toute personne de disposer d'un logement décent » n'est pas « le droit au logement » car, sur une vingtaine d'affaires dans lesquelles avait été avancé l'argument d'atteinte grave au droit de propriété, il y a eu, avant celle-ci, une seule reconnaissance de la violation du droit de propriété (en 1982, dans l'affaire des Nationalisations). Il n'y aurait certainement pas eu reconnaissance d'une dénaturation du droit de propriété si les limitations apportées à celui-ci l'avaient été au nom d'un véritable droit fondamental au logement.

Dans le même sens, le Conseil constitutionnel a estimé que l'objectif de valeur constitutionnelle devait céder devant le respect des contrats légalement conclus, découlant de l'art. 4 DDHC (décis. n° 436 DC du 7 déc. 2000, Loi relative à la solidarité et au renouvellement urbains ; v. aussi décis. n° 2001-455 DC du 12 janv. 2002, Loi de modernisation sociale). Au Portugal, en revanche, le droit au logement constitue un droit fondamental et le Tribunal constitutionnel (arrêt n o 486/97) a

---

[31] *Décis*. n°98-403 DC, 29 juill.1998 ; il ressort de cette jurisprudence que le législateur peut apporter des limitations au droit de propriété(sans aller jusqu'à le dénaturer) pour mettre en œuvre le droit au logement
[32] L. FAVOREU et Alii, Droit des libertés fondamentales, 7ème édition, Dalloz, Paris, 2016, p.565

affirmé la légitimité des restrictions au droit de propriété du bailleur au nom du droit au logement du locataire et des membres de la famille vivant avec lui (ces restrictions n'étant pas justifiées en revanche quand le locataire entend maintenir les lieux non occupés ou quand il s'agit de membres de sa famille qui ne sont pas à sa charge, v. J. Miranda, AIJC 1997. 793)[33].

Conclusion : Logement et habitat : le bâti et l'humain

L'habitat, pourrait-on dire, est au logement ce que le territoire est à l'espace : l'habitat, c'est le logement qui aurait été prolongé « enrichi » conceptuellement, le tout étant alors, bien entendu, de définir ce supplément d'âme qui va venir faire basculer d'un domaine de validité à l'autre- je mets « enrichi » entre guillemets car cela ne doit surtout pas nous amener à minimiser la richesse réelle du concept de logement, certes plus « technique », plus encadré que celui d'habitat...et donc, peut-être, de ce fait même, au premier abord moins attractif.

En fait, logement et habitat, loin de s'opposer, insisteraient plutôt, à l'instar d'espace et de territoire, sur deux dimensions distinctes et complémentaires d'un même objet (immobilier) : ainsi, le logement serait un concept plus concret, s'intéressant prioritairement aux aspects les plus matériels de son objet d'étude : un bâtiment ou partie d'un bâtiment, ce qui inclut également « les constructions provisoires » et autres « habitations de fortune » telles que recensées par l'INSEE, présentant telles ou telles caractéristiques précises, bien situé et délimité dans l'espace ce qui donne toute sa particularité à la marchandise-logement, par définition « immobile » et susceptible d'accueillir un ménage en son sein(ce qui le distingue d'ores et déjà du bureau ou de tout autre espace de travail : le logement a pour finalité première de loger, même si, bien entendu, un logement peut à la fois faire office de lieu d'habitation et de lieu de travail : en outre, il existe des logements qui, pour diverses raisons peuvent rester vacants). Ainsi, le logement, enjeu politique majeur et susceptible d'être soumis à de nombreuses normes et formes de régulations administratives,

[33] L. FAVOREU et Alii, *Droit des libertés fondamentales*, *Op Cit.*565

constitue (à l'instar du ménage) une catégorie statistique de base[34]. Comme nous avons passé en revue certaines notions similaires au droit au logement, à présent, il convient de dire que l'ouvrage comprend trois chapitres hormis l'introduction et la conclusion. Le premier chapitre explique la promotion et protection de droit au logement sur le plan universel ou international. Le deuxième va dans le même d'idées mais cette fois-ci au niveau régional autrement dit, le mécanisme de protection et promotion du droit au logement en Afrique et enfin le dernier chapitre parle également de la promotion et protection du droit au logement en RDC.

---

[34] TROUILLARD Emmanuel, *Logement et habitat(ion) : De l'espace géométrique au « home sweet homme »*, in https:/www.scribd.com/document/127745835/Trouillard-logement-et-Habitat, 2013, p.1

Chapitre 2

Protection et promotion du droit au logement au niveau international

Le second chapitre parle de la protection et de la promotion du droit au logement au niveau international.

En effet, la Déclaration universelle des droits de l'homme a porté à l'avant-scène une foule de droits veillant au respect de la dignité humaine, garants de la démocratie et de la justice. Mais comme celle-ci n'était pas juridiquement obligatoire pour les États, la communauté internationale a entrepris de développer des obligations découlant de traités. Chaque État qui s'y engagerait serait par conséquent susceptible de se faire demander des comptes[35].

Ce long travail a abouti au Pacte international relatif aux droits économiques, sociaux et culturels en 1966, lequel venait expliciter les termes de la DUDH. C'est d'ailleurs lors de cette même résolution à l'ONU qu'a été adopté le Pacte international relatif aux droits civils et politiques. Ce faisant, la ratification du PIDESC par le Canada a officialisé sa reconnaissance du « droit de toute personne à un niveau de vie suffisant pour elle-même et sa famille, y compris [...] un logement suffisant [...] ».

Or, en dépit du fait que son article 28 indique que les dispositions s'appliquent « sans limitation ni exception aucune, à toutes les unités constitutives des États fédératifs », il est à noter que le Québec a, de façon unilatérale, ratifié et adhéré au PIDESC par décret en 1976. Selon la Commission des droits

[35] Georges LEBEL, « La Déclaration universelle a soixante ans », [2008] *Bulletin de la Ligue des droits et libertés* 4 à la p. 5.

de la personne et des droits de la jeunesse du Québec (CDPDJ), « le droit au logement fait implicitement partie du droit à des mesures sociales et financières, susceptibles d'assurer le "niveau de vie décent" » , tel que valorisé par l'article 45 de la Charte des droits et libertés de la personne[36]. Dans le même document, la CDPDJ regrette par contre que les politiques publiques relatives aux loyers à faible coût (HLM, organismes sans but lucratif d'habitation, coopératives d'habitation ou autres programmes d'aide au logement) n'aient toujours pas permis de contrer le problème des ménages pauvres. Même son de cloche du côté des groupes militants tels le Front d'action populaire en réaménagement urbain (FRAPRU).

De prime abord, il faut situer le droit au logement au sein de la grande famille des droits économiques, sociaux et culturels, au même titre que le droit au travail, à l'alimentation, à l'éducation, etc. Longtemps cantonnés à la position de droits moins « prioritaires », Bossuyt écrivait en 1975 que ceux-ci nécessitent un effort financier de l'État, ce qui justifie leur réalisation progressive. Puisque tous les pays ne disposent pas des mêmes ressources, Bossuyt estimait que les États pouvaient réaliser ces droits à un rythme variable, de façon progressive voire sélective. En 1978, Vierdag hésitait même à les qualifier de « droits » au sens juridique, dans la mesure où il jugeait que ce privilège était l'apanage des droits – civils et politiques – plus facile à définir et mesurer ; seulement ceux-là pouvaient jouir d'une justiciabilité devant les tribunaux et d'une application subséquente[37].

Car à la base, le système judiciaire n'a pas pour mandat de diriger l'allocation des ressources. Cette tâche incombe aux dirigeants politiques, portés au pouvoir par la

---

[36] M. BENDAOUD, « Le droit au logement tel que vu par le pacte international relatif aux droits économiques, sociaux et culturels : sa mise en œuvre québécoise est-elle conforme ? », *Revue québécoise de droit international*, Québec, 2010, p52

[37] 12 Emil VIERDAG, « The Legal Nature of the Rights Granted by the UN Covenant on Economic, Social and Cultural Rights » (1978) 9 *Netherlands Yearbook of International Law* 69 aux pp. 73, 93.

volonté de l'électorat. Néanmoins, la seule jurisprudence canadienne présente plusieurs exemples d'interventionnisme judiciaire ayant poussé à la modification de programmes gouvernementaux, notamment en imposant l'attribution de ressources supplémentaires.

Quoi qu'on en dise, le débat entourant la primauté d'une famille de droits plutôt qu'une autre a divisé l'Assemblée générale des Nations Unies pendant plusieurs années. Les pays de l'Ouest affichaient leur préférence pour les droits civils et politiques, alors que les pays du bloc de l'Est et les non-alignés priorisaient davantage les droits économiques, sociaux et culturels[38].

Or, au milieu des années 80, un changement de paradigme est survenu dans la communauté internationale réaffirmant la DUDH comme un texte unifiant les deux catégories de droits, les rendant interdépendants et indivisibles. Selon Haarscher, l'union permanente entre ce que l'on appelait les droits civils et politiques de « première génération » et ceux économiques, sociaux et culturels de « deuxième génération », s'est officiellement cristallisée à Vienne, en 1993, « lors de la conférence de l'ONU sur les droits et de l'homme, en réponse à des tentatives visant à mettre en cause leur universalité ».

Cela dit, le Protocole facultatif se rapportant au Pacte international relatif aux droits civils et politiques est entré en vigueur en 1976, soit au même moment que le pacte s'y rattachant, permettant ainsi aux individus qui constatent une atteinte à leurs droits de présenter une plainte à un organe onusien

---

[38] 5 Paul Hunt, « Reclaiming Economic, Social and Cultural Rights » (1993) 1 Waikato L. Rev. 141 à la p. 145. La division était notable devant la position des États-Unis qui ne signèrent que le PIDCP et non le PIDESC. « En schématisant les termes de l'opposition, on constate que pour certains, la liberté individuelle et la concurrence réaliseront l'ensemble des droits, alors que, pour d'autres, pour que la liberté et l'égalité puissent s'épanouir grâce à la solidarité, la société doit assurer les conditions culturelles, économiques, politiques et sociales ». Lebel, supra note 2 à la p. 5.

chargé de surveiller l'application du PIDCP. Mais l'équivalent n'existait malheureusement pas pour le PIDESC, jusqu'à ce que le projet soit sérieusement pris en considération à partir de la conférence de Vienne.

Le 10 décembre 2008, la journée du 60e anniversaire de la DUDH, l'Assemblée générale des Nations Unies a finalement adopté le Protocole facultatif se rapportant au Pacte international relatif aux droits économiques, sociaux et culturels. La fin de l'existence de « deux poids, deux mesures en matière de protection des droits de la personne », s'était exprimé Rémy M. Beauregard, alors président de Droits et Démocratie[39].

Au fil du temps, différents observateurs ont constaté que la notion de « progressivité » des droits économiques, sociaux et culturels rendait leur application difficile à surveiller. Un protocole de ce type pourra certainement permettre une meilleure application et un plus grand rayonnement des droits enchâssés dans le PIDESC, lorsqu'il aura obtenu suffisamment de ratifications pour entrer en vigueur.

Ce second chapitre est organisé en cinq sections dont les textes internationaux pertinents, le droit au logement dans le PIDESC, les devoirs et obligations des états les obligations des états et la mise en œuvre au niveau national et les mécanismes de contrôle au niveau international.

Section 1. Les textes internationaux pertinents

La reconnaissance explicite du droit au logement remonte au moins à la DUDH adoptée en 1948. Son article 25 indique que « toute personne a droit à un niveau de vie suffisant pour assurer sa santé, son bien-être et ceux de sa famille, notamment pour [...] le logement [...] ». Or, il est primordial de souligner que malgré le fait que les déclarations n'ont

---

[39] Droits et Démocratie, « Droits et Démocratie salue l'adoption d'un protocole facultatif se rapportant au Pacte international relatif aux droits économiques, sociaux et culturels », Communiqué de presse, 10 décembre 2008, en ligne : Droits et Démocratie.

généralement pas de force obligatoire en droit international, la DUDH se distingue à maints égards. Comme l'affirmait plusieurs opinions individuelles antérieures telles l'obiter dictum du juge Tanaka de la Cour internationale de Justice (CIJ) dans l'Affaire du Sud-Ouest africain en 1966, la protection des droits de l'homme relève du jus cogens. Cet obiter est d'autant plus important qu'il est concomitant avec l'adoption des textes du PIDESC et du PIDCP.

Dans l'Affaire de la Barcelona Traction en 1970, le juge Ammoun de la CIJ décrivait la protection des droits humains comme une norme juridique valable au même titre que les autres sources traditionnelles du droit international. Il rappelait également qu'en ratifiant massivement la Charte des Nations Unies, les États font des principes apparaissant dans son préambule – desquels il faut compter les droits fondamentaux de l'homme – des règles de jus cogens. Puis, John Humphrey soutenait en 1981 que les droits humains font partie de la coutume internationale, bien avant que la Déclaration de la Conférence de Vienne ne confirme en 1993 qu'au-delà du fait que la promotion et la protection de tous les droits de l'homme est une préoccupation légitime de la communauté internationale, « tous les droits de l'homme sont universels, indissociables, interdépendants et intimement liés » [40].

Par rapport à la DUDH elle-même, Howse et Mutua précisent que bien que ce ne soit pas toutes ses dispositions qui sont élevées au statut de droit coutumier international, la DUDH est si largement acceptée et vénérée par les gouvernements qu'ils l'invoquent, y font référence et s'en inspirent pour rédiger leurs lois constitutionnelles ou autres ainsi que pour formuler leurs politiques internes et extérieures.

Son acceptation par les États est si totale et si universelle qu'on peut affirmer aujourd'hui qu'elle correspond au critère d'une opinio jurissime necessitatis, c'est-à-dire une pratique que les États observent parce qu'ils s'y sentent

---

[40] 31 Déclaration de la Conférence de Vienne, supra note 17, art. 4-5.

légalement obligés. Tel qu'annoncé en introduction, après d'âpres négociations entre les États, le PIDESC est finalement adopté en 1966. Celui-ci prononce au premier paragraphe de son article 11, « le droit de toute personne à un niveau de vie suffisant pour elle-même et sa famille, y compris [...] un logement suffisant [...] »[41] .

Le Canada l'a ratifié en 1976, soit la même année où il est entré en vigueur. À l'instar de la DUDH, le PIDESC rassemble aussi plusieurs droits sous le parapluie du niveau de vie suffisant. À la différence qu'il est un peu plus contraignant, bien que de nombreux observateurs aient tout de suite cerné ses lacunes. Ces derniers s'accordent pour dire que le PIDESC protège le droit au logement, mais « qu'il ne dispose d'aucun mécanisme d'exécution ou de recours par un individu [...] qui souhaiterait se plaindre d'une violation de ce droit » [notre traduction]. Contrairement au PIDCP, le protocole facultatif qui se rapporte au PIDESC et qui prévoit un processus de plainte individuelle, voire d'enquête sous l'autorisation de l'État partie visé par la plainte[42] , n'a toujours pas pris effet. Au lieu de cela, les États parties au PIDESC ont l'obligation d'envoyer des rapports à tous les cinq ans au Comité des droits économiques, sociaux et culturels à Genève.

À la lecture des rapports, celui-ci formule ensuite des recommandations. Précisons toutefois que plusieurs autres conventions contraignantes ont abordé le droit au logement de près ou de loin, mais se réfèrent davantage à la protection « générale » des groupes plus vulnérables tels les minorités

---

41 PIDESC, supra note 3, art. 11(1).

42 Protocole facultatif se rapportant au PIDESC, supra note 19, art. 11-12

visibles[43], les femmes[44] ou encore les Autochtones[45] . Également en 1976, dans le cadre de la Conférence des Nations Unies sur les établissements humains, les États se sont engagés à réaliser le droit au logement par ce que l'on a appelé la Déclaration de Vancouver[46]. Cette déclaration n'est pas contraignante, mais il n'en demeure pas moins que ses rédacteurs ont affirmé que « disposer d'un logement et de services suffisants est un droit fondamental de l'homme et les gouvernements ont donc le devoir de faire en sorte que tous leurs ressortissants puissent exercer ce droit, en commençant par aider directement les couches les plus défavorisées […] » (Section III (8)).

Du reste, la doctrine internationale réaffirme que le droit au logement est primordial et que les droits économiques et sociaux, de manière générale, sont un tout indivisible. Le logement convenable affecte directement les autres droits de l'homme. Sans lui, l'emploi est difficile à assurer et à maintenir, la santé est menacée, l'éducation est entravée, la violence est plus facilement perpétrée, la vie privée est compromise, les relations sociales sont souvent tendues. Le manque de logements abordables place particulièrement les pauvres dans la situation impraticable d'avoir à choisir entre le plus fondamental des besoins humains, le logement ou la nourriture, le logement ou les

[43] Convention internationale sur l'élimination de toutes les formes de discrimination raciale, 7 mars 1966, 660 R.T.N.U. 195 (entrée en vigueur : 4 janvier 1969).

[44] Convention sur l'élimination de toutes les formes de discrimination à l'égard des femmes, 18 décembre 1979, 1249 R.T.N.U. 13 (entrée en vigueur : 3 septembre 1981).

[45] Convention no 169 relative aux peuples indigènes et tribaux dans les pays indépendants, OIT, 27 juin 1989, 28 I.L.M. 1382 (entrée en vigueur : 5 septembre 1991). Cette convention a été adoptée par l'Assemblée générale des Nations Unies le 13 septembre 2007 : Doc. off. AG NU, 61e sess., 108e séance plén., Doc. NU A/61/PV.108 (2007).

[46] Rapport d'Habitat : Conférence des Nations Unies sur les établissements humains, Vancouver, 1976, A/CONF.70/15, publication des Nations Unies, numéro de vente : F.76.IV.7, et rectificatif [communément appelée Déclaration de Vancouver].

soins de santé, le logement ou les vêtements, et ainsi de suite [notre traduction]. Que dire du droit au logement dans le PIDESC ?

Section 2. Le droit au logement dans le PIDESC

Le Comité des droits économiques, sociaux et culturels (Comité des DESC) est l'organe chargé de surveiller et de superviser l'application du PIDESC par les États parties. L'Observation générale n o 4 sur le droit à un logement suffisant a été rédigée afin de mieux interpréter et baliser l'application de ce droit[47]. Ce texte reprend le paragraphe 1 de l'article 11 du PIDESC et stipule que les États parties reconnaissent le droit de toute personne à un niveau de vie suffisant pour elle-même et sa famille, considérant que ce droit revêt une importance capitale pour la jouissance des droits économiques, sociaux et culturels. Ainsi, le droit au logement suffisant doit s'appliquer à tous, la notion de « famille » devant être prise dans un sens large.

Pour prévenir toute discrimination telle que prohibée par le paragraphe 2 de l'article 2 du PIDESC, il est entendu que « les individus, comme les familles, ont droit à un logement convenable sans distinction d'âge, de situation économique, d'appartenance à des groupes ou autres entités ou de condition sociale et d'autres facteurs de cette nature »[48]. Dans son interprétation, le Comité des DESC est d'avis qu'il ne faut pas « entendre le droit au logement dans un sens étroit ou restreint, qui l'égale, par exemple à l'abri fourni en ayant simplement un toit au-dessus de sa tête, ou qui le prend exclusivement comme un bien »[49].

Celui-ci soutient que notre conception du logement doit englober le droit à un lieu où tous peuvent aspirer à vivre en sécurité, dans la paix et la dignité. De plus, le Comité des DESC souligne que conformément à la Stratégie mondiale des Nations

---

[47] Comité sur les droits économiques, sociaux et culturels, Observation générale no 4 : Le droit à un logement suffisant (article 11, paragraphe 1, du PIDESC), Doc. off. CES NU, 1991, Doc. NU E/1992/23 [Observation générale n o 4].

[48] *Idem*,au para. 6.

[49] *Idem*. au para. 7

Unies du logement jusqu'à l'an 2000[50], un logement adéquat doit fournir suffisamment d'intimité et d'espace, en plus d'une bonne sécurité, un éclairage et une aération convenables, des infrastructures de base adéquates, dans un endroit bien situé par rapport au lieu de travail et aux services essentiels. La Stratégie précise qu'un logement disposant de toutes ces caractéristiques doit de plus être accessible à un coût raisonnable.

Afin d'être conforme au droit international, le logement suffisant ou convenable doit satisfaire certains critères, et ce dans n'importe quel contexte. En dépit des facteurs sociaux, économiques, culturels, climatiques, écologiques et autres, le Comité des DESC soutient que certains aspects inhérents au droit au logement doivent être respectés dans toutes circonstances.

Il s'agit des éléments suivants[51]:

a) La sécurité légale de l'occupation qui « garantit la protection légale contre l'expulsion, le harcèlement ou autres menaces », peu importe le régime d'occupation (location, copropriété, propriété) ;

b) L'existence de services, matériaux, équipements et infrastructures, permettant un accès aux ressources naturelles et communes telles l'eau potable, l'énergie pour cuisiner, le chauffage et l'éclairage, des installations sanitaires et de lavage et un système d'assainissement ;

c) La capacité de paiement. Les États parties doivent faire en sorte que, d'une manière générale, le pourcentage des coûts reliés au logement ne soit pas disproportionné aux revenus, et prévoir des allocations de logement en faveur des ménages moins nantis ;

---

[50] La Stratégie mondiale des Nations Unies du logement jusqu'à l'an 2000, adoptée par l'Assemblée générale des Nations Unies dans la résolution 43/181, le 20 décembre 1988 [Stratégie mondiale du logement].

[51] Observation générale n o 4, supra note 41 au para. 8. Tous les aspects énumérés de (a) à (g) proviennent de ce paragraphe, avec une description résumée.

d) L'habitabilité renvoie à la protection contre le froid, l'humidité, la chaleur, la pluie, le vent ou d'autres dangers pour la santé, considérant que l'Organisation mondiale de la Santé affirme que « le logement est le facteur environnemental le plus fréquemment associé aux conditions génératrices de maladies dans les analyses épidémiologiques [...] » ;

e) La facilité d'accès à un logement suffisant où plusieurs groupes défavorisés devraient bénéficier d'une certaine priorité (personnes âgées, enfants, handicapés physiques, séropositifs, personnes ayant des problèmes médicaux chroniques, malades mentaux, victimes de catastrophes naturelles, etc.), ce qui implique que tant la législation en matière de logement que son application doivent prendre en considération les besoins spéciaux de ces groupes ;

f) L'emplacement adéquat, c'est-à-dire éloigné des sources de pollution qui menacent la santé des résidents, mais à proximité des services de santé, des établissements scolaires et des possibilités d'emploi, de sorte que les déplacements quotidiens n'alourdissent pas les budgets des ménages pauvres ;

g) Le respect du milieu culturel. « Dans les activités de construction ou de modernisation de logements, il faut veiller à ce que les dimensions culturelles du logement ne soient pas sacrifiées [...] ».

Enfin, retenons de l'Observation générale no 4 que les pays signataires « doivent donner la priorité voulue aux groupes sociaux vivant dans des conditions défavorables en leur accordant une attention particulière ».

À cet égard, le Comité des DESC ajoute que ni les politiques ni la législation ne devraient être conçues de sorte qu'elles bénéficieraient aux groupes sociaux déjà privilégiés, au détriment des couches plus laborieuses. Puis, quelques années après l'Observation générale no 4, le Comité des DESC a produit un autre document où il a cru bon de réaffirmer que le droit de disposer d'un endroit adéquat pour y vivre dans la paix et la dignité, doit s'entendre d'une manière qui comprend le droit de ne pas être expulsé de façon arbitraire ou discriminatoire.

L'Observation générale n°7 sur le logement suffisant est venue apporter des précisions et confirmer l'interdiction des expulsions forcées qu'elle définit comme suit : « l'éviction permanente ou temporaire, contre leur volonté et sans qu'une protection juridique ou autre appropriée ait été assurée, de personnes, de familles ou de communautés de leurs foyers ou des terres qu'elles occupent »[52]. Selon le raisonnement du Comité des DESC, les expulsions forcées sont incompatibles avec les obligations du PIDESC quel que soit le régime d'occupation, car « chaque personne a droit à un certain degré de sécurité qui garantit la protection légale contre l'expulsion, le harcèlement ou autres menaces ».

Cette Observation est venue à la suite de nombreux cas examinés par le Comité des DESC, où il a jugé qu'il y a eu manquement aux obligations incombant aux États parties au regard des autres droits de l'homme énoncés dans le PIDESC. Que dire des devoirs et obligations des états ?

Section 3. Les devoirs et obligations des États

Pour s'assurer de la matérialisation concrète du droit au logement, les outils internationaux ont prévu certains engagements indispensables de la part des États parties, afin que ces aspirations ne restent pas lettre morte. Tel qu'indiqué au paragraphe 1 de l'article 2 du PIDESC : Chacun des États parties au présent Pacte s'engage à agir, tant par son effort propre que par l'assistance et la coopération internationales, notamment sur les plans économique et technique, au maximum de ses ressources disponibles, en vue d'assurer progressivement le plein exercice des droits reconnus dans le présent Pacte par tous les

[52] Observation générale n o 4, supra note 41 au para. 8. Tous les aspects énumérés de (a) à (g) proviennent de ce paragraphe, avec une description résumée.

moyens appropriés, y compris en particulier l'adoption de mesures législatives.

Ce faisant, le droit au logement n'apparaît plus comme le vœu pieux qui figurait dans la DUDH par exemple. Il ne s'agit plus d'une politique que les États peuvent choisir d'appliquer ou non. « Sa reconnaissance implique des obligations juridiques pour les États ». Bien que le droit au logement ne soit pas particulièrement spécifié dans la législation québécoise, les gouvernements du Québec et du Canada ont tout de même l'obligation légale, en droit international, d'appliquer les préceptes découlant du PIDESC, ainsi que ceux relevant du droit international humanitaire classique : reconnaître, respecter, protéger et réaliser.

J'évoque les devoirs et obligation des états selon le PIDESC et le droit international.

§1. Selon le PIDESC

Il y a trois expressions contenues dans le paragraphe 1 à l'article 2 du PIDESC qui font ressortir les obligations des États parties : « S'engage à agir... par tous les moyens appropriés » ; « Au maximum de ses ressources disponibles » ; et « Assurer progressivement ».

A. « S'engage à agir... Par tous les moyens appropriés »

L'Observation générale no 4 précise qu'en dépit du niveau de développement des pays, certaines mesures doivent être prises immédiatement. « Dès qu'ils ont ratifié le Pacte [PIDESC], les États sont tenus d'agir »[53]. L'une des premières

[53] Voir Haut-Commissariat aux droits de l'homme (HCDH), Fiche d'information n o 21 : Le droit à un logement convenable, en ligne : [Fiche d'information n o 21]. Les fiches d'information sont publiées par le Haut-Commissariat aux droits de l'homme (HCDH) à Genève. Elles donnent des renseignements sur une gamme étendue de sujets relatifs aux droits de l'homme. La fiche, qui permet de consulter un thème spécifique, aide le lecteur à comprendre les droits de l'homme et les sujets connexes, ainsi que les mécanismes internationaux qui ont été

actions à prendre consiste alors à procéder à un examen des textes législatifs en vigueur, dans l'objectif « de les rendre totalement compatibles avec les obligations internationales ». Outre l'aspect juridique, l'expression « par tous les moyens appropriés », prise au sens large, ajoute l'obligation de prendre des mesures d'ordre administratif, judiciaire, économique, social et éducatif. Qui plus est, les États parties sont tenus « d'élaborer des politiques et de fixer des priorités qui soient conformes au Pacte [...] ainsi que d'évaluer les progrès réalisés et de prévoir des mesures correctives efficaces, d'ordre juridique ou autre, en cas de violation ».

Pour assurer une application plus intensive et homogène, les États parties sont également tenus d'adopter une stratégie nationale du logement, « stratégie qui doit définir les objectifs d'amélioration de la situation de ce secteur, déterminer les ressources disponibles pour atteindre ces objectifs et la manière la plus rentable de les utiliser et fixer les responsabilités et les calendriers en ce qui concerne la mise en œuvre des mesures qui s'imposent ».

Ajoutons également que ces stratégies doivent « être le fruit d'un processus de consultation et de participation large et authentique associant tous les acteurs sociaux, notamment les sans-abri et les mal-logés et leurs représentants et organisations ».

L'engagement au maximum doit prendre en compte ses ressources disponibles car à l'impossible nul n'est tenu.

B. Au maximum de ses ressources disponibles

L'expression « au maximum de ses ressources disponibles » suppose une utilisation et une affectation équitables et efficaces des ressources dont l'État dispose. L'Observation générale no 4 stipule que l'État doit prendre les mesures suffisantes pour assurer le droit au logement convenable dans les

---

mis en place pour les promouvoir et les protéger. Les fiches d'information sont accessibles sur le site Web du HCDH, en ligne.

plus brefs délais possibles et que si les ressources financières du pays en question ne suffisent pas pour appliquer les stratégies choisies par l'État partie, « il convient de formuler dès que possible une demande de coopération internationale, conformément au paragraphe 1 de l'article 11 et aux articles 22 et 23 du Pacte [PIDESC] et d'informer le Comité [des DESC] en conséquence »[54].

Il convient d'assurer progressivement.

C. « Assurer progressivement »

D'un autre côté, la logique ou le « bon sens » voudrait qu'on ne puisse pas demander aux États, particulièrement les moins riches, d'assurer à toute leur population le droit au logement, alors que certains d'entre eux affichent un retard économique évident. Les textes juridiques internationaux ont ainsi prévu cette éventualité et proposé que les États progressent « avec toute la diligence et l'efficacité possibles vers l'objectif du plein exercice de chacun des droits énoncés dans le Pacte »[55]. En d'autres termes, le PIDESC a été conçu afin que les États ne puissent pas « reporter indéfiniment l'action à entreprendre pour atteindre cet objectif ». En dépit de certains aspects qui ne sont pas positionnés au niveau temporel, d'autres comme l'adoption « d'une législation relative aux clauses de non-discrimination du Pacte [PIDESC] et le contrôle de l'état de réalisation des droits en question doivent intervenir immédiatement après la ratification ».

Notons que l'obligation « d'assurer progressivement » doit être comprise d'une manière très proche du paragraphe 1 de l'article 11 du PIDESC où il est fait mention d'une « amélioration constante [des] conditions d'existence »[56]. Conséquemment, toute mesure constituant un recul du droit au logement, en l'occurrence, doit être méticuleusement analysée avant d'être appliquée. Il faut redoubler de précaution et garder

---

[54] Observation générale n o 4, supra note 41 au para. 10

[55] Fiche d'information no 21, supra note 53.

[56] PIDESC, supra note 3, art. 11(1).

en tête que cette mesure ne doit « pouvoir se justifier que par rapport à l'ensemble des droits prévus dans le Pacte [PIDESC] et à l'utilisation maximale des ressources disponibles ». Dès lors, l'existence de cette obligation doit être comprise comme indépendante de tout accroissement éventuel des ressources, mais plutôt en fonction d'un usage judicieux et réfléchi des ressources disponibles.

Que dit le droit international à cet effet ?

§2. Selon le droit international

L'Observation générale no 3 du Comité des DESC précise que l'article 2 du PIDESC expose la nature des obligations juridiques générales assumées par les États parties. « Ces obligations comprennent à la fois ce qu'on peut appeler [...] des obligations de comportement et des obligations de résultat »[57]. Ainsi, le droit à un logement convenable doit être analysé en vertu des quatre niveaux d'obligations développés par le droit international : reconnaître, respecter, protéger et réaliser.

A. Reconnaître

D'abord, l'obligation de reconnaître le droit au logement convenable consiste à le considérer comme partie intégrante des droits humains fondamentaux, ainsi qu'à éviter de prendre des mesures qui viendraient intentionnellement porter atteinte au statut légal de ce droit66. Encore faut-il que l'État ait incorporé le droit au logement dans son droit national. « Sans cette consécration, il est impossible – selon le système juridique de l'État concerné – de protéger de manière crédible le droit au logement de sa population ».

Golay et Özden ajouteront toutefois que bien qu'il soit préférable que le droit au logement soit inscrit dans la Constitution pour l'invoquer devant les tribunaux nationaux,

---

[57] Comité sur les droits économiques, sociaux et culturels, Observation générale no 3 : La nature des obligations des États parties (art. 2, para. 1), Doc off. CES NU, 1990, Doc. NU E/1991/23.

plusieurs États auront recours à différents moyens pour le reconnaître au niveau national. Outre l'obligation d'articuler une stratégie nationale de réalisation progressive, ce droit comprend l'effort honnête des États à déterminer jusqu'à quel point ce droit fait défaut, avec un souci de ne pas privilégier des groupes sociaux déjà favorisés, au détriment des plus démunis[58] . Il faut aussi le respect de ses obligations.

B. Respecter

Ensuite, l'obligation de respecter le droit à un logement convenable implique que les gouvernements doivent « s'abstenir de procéder à des expulsions forcées ou arbitraires - individuelles ou collectives - ou de quelque autre manière favoriser cette pratique ». Il s'agit d'une obligation négative qui interdit également à l'État de restreindre le droit d'association des locataires ou des communautés rurales possédant des logements en commun. Enfin, l'État partie s'engage à respecter le droit de ses citoyens à construire « leurs logements et à organiser leur cadre de vie de la manière qui convient le mieux à leur culture, leurs aptitudes, leurs besoins et leurs souhaits ». La protection est indispensable pour garantir le droit de tout citoyen.

C. Protéger

L'obligation de protéger efficacement le droit au logement requiert que les gouvernements prennent les mesures préventives contre toute violation de ce droit par un « tiers », comme un propriétaire ou un promoteur immobilier. Pour s'assurer d'une telle protection, l'État en question doit mettre sur pied des « mécanismes d'exécution judiciaires, quasi judiciaires, administratifs et politiques permettant à toute victime d'une violation du droit à un logement convenable d'obtenir réparation ».

Parallèlement, les États doivent prendre des mesures adéquates afin que les diverses dépenses de logement des individus ou des ménages de façon plus générale, ne soient pas disproportionnées par rapport aux niveaux de revenu. Pour

---

[58] Fiche d'information n o 21, supra note 53.

ce faire, le Haut-Commissariat aux droits de l'homme recommande un système de subventions au logement pour les couches moins favorisées de la société, ainsi que pour venir en aide aux locataires en proie à des augmentations de loyer brusques et déraisonnables. Le rôle de l'État quant à la protection contre toute forme de discrimination – reliée au sexe, la nationalité, la race, l'origine, etc. – dans l'accès au logement fait également partie de l'obligation de protéger le droit au logement[59]. [60] La réalisation est indispensable comme je le souligne au point suivant.

D. Réaliser

Pour ce qui est de l'obligation de réaliser le droit à un logement convenable, elle est à la fois positive et interventionniste, contrairement aux devoirs de reconnaître, respecter et protéger. Le Comité des DESC soutient que des stratégies gouvernementales claires devraient être adoptées, appuyées par l'octroi des ressources nécessaires provenant des fonds publics[61]. Celui-ci soutient qu'il est primordial d'assurer à tous la possibilité de vivre dans la paix et la dignité. Conséquemment, l'État est par exemple tenu de « construire des logements à bas prix en quantité suffisante et garantir que les plus pauvres y auront accès à travers des systèmes de subventions »[62]. De surcroît, le plan d'action mis en place par l'État doit garantir un logement qui sera « adéquat, disponible et accessible à chacun, y compris dans les zones rurales et les zones urbaines les plus vulnérables »[63]. Il convient de rappeler les obligations des états et la mise en œuvre au niveau national.

---

[59] Golay et Özden, Op Cit p. 23.

[60] *Ibid.*.

[61] *Idem* p. 24

[62] *Ibid.*

[63] Charte canadienne, supra note 1

Section 4. Obligations des états et mise en œuvre au niveau national

§1. Les obligations des Etats

En tant que droit humain, le droit au logement n'est pas une option politique que les Etats peuvent choisir de suivre ou de ne pas suivre. Sa reconnaissance implique des obligations juridiques pour les Etats. Les Etats qui ont ratifié le PIDESC ou une Convention régionale qui reconnaît explicitement le droit au logement (ex. Charte sociale européenne) ont l'obligation de l'englober dans leur législation nationale, à moins que selon le système juridique de l'Etat concerné – les traités internationaux soient applicables d'office au niveau national. A l'instar de tous les autres droits humains, les Etats ont l'obligation de respecter, de protéger et de mettre en œuvre le droit au logement.

Ils doivent également coopérer entre eux et apporter une assistance internationale pour des pays qui ont des difficultés à honorer leurs engagements. Il y a l'obligation de reconnaître le droit au logement au niveau national, de respecter, de protéger, de mettre en œuvre (faciliter et réaliser) le droit au logement, l'obligation de coopération et d'assistance internationales.

1. L'obligation de reconnaître le droit au logement au niveau national

La première obligation des Etats est de consacrer le droit au logement dans leur droit national. Sans cette consécration, il est impossible – selon le système juridique de l'Etat concerné – de protéger de manière crédible le droit au logement de sa population.

Le Rapporteur spécial des Nations Unies sur le droit au logement, M. Miloon Kothari, a souligné en 2002 que : « Plus de 50 pays à travers le monde ont adopté une nouvelle constitution ou modifié la constitution en vigueur pour y inclure des éléments liés au droit à un logement convenable et bon nombre de ces lois fondamentales contiennent des garanties explicites concernant ce droit. » Cependant, dans la pratique, cela ne signifie pas forcément que le droit au logement est invocable devant les tribunaux nationaux. En effet, les Etats ont recours à différents moyens pour reconnaître le droit au logement au niveau national. Premièrement, la reconnaissance du droit au logement dans la Constitution comme un droit de l'homme fondamental[64]. C'est ce qu'ont fait plusieurs pays[65].

Dans ce cas idéal, chaque personne victime d'une violation du droit au logement peut avoir accès à un tribunal pour revendiquer la réalisation de son droit (voir l'illustration n° 4, l'affaire Grootboom). Deuxièmement, la reconnaissance de l'accès au logement dans la Constitution comme un principe, un but ou un objectif social ou politique essentiel de l'Etat. C'est le cas de nombreux Etats. Dans ces pays, l'Etat a le devoir politique d'améliorer, par ses politiques et ses programmes, l'accès au logement de la population, y compris pour les plus démunis. Mais le recours à un tribunal est plus difficile, sur cette seule base, en cas de violation du droit au logement. Pourtant, la plupart d'entre eux ont ratifié le PIDESC.

A ce titre, ils ont l'obligation de consacrer le droit au logement dans leur législation nationale, permettant ainsi à leurs citoyens d'invoquer ce droit devant les tribunaux nationaux. C'est ce qu'a fait par exemple la Norvège, comme 77 autres pays, mais pas tous les Etats parties au PIDESC (156 actuellement). Troisièmement, la reconnaissance du droit au logement comme partie intégrante d'autres droits fondamentaux garantis par la Constitution, comme par exemple le droit à la vie ou le droit à des conditions de vie minimales.

Dans la plupart des pays, le droit à la vie est reconnu comme un droit fondamental dans la Constitution. Il est alors possible que ce droit soit interprété largement par les organes de contrôle et qu'il inclue la protection du droit au logement. C'est le cas par exemple en Inde et au Bangladesh, où le droit à la vie a été

---

[64] C. GOLAY et M. OZDEN, *Op Cit,* p.19

[65] L'Afrique du Sud, l'Arménie, la Belgique, le Burkina Faso, le Congo, l'Equateur, la Guinée Equatoriale, l'Espagne, la Guyane, Haïti, le Honduras, le Mali, Mexico, le Nicaragua, le Paraguay, la Russie, Sao Tomé et Principe, les Seychelles et le Venezuela

interprété très largement par la Cour suprême. Pour la Cour suprême de l'Inde, le droit à la vie comprend notamment la protection du droit à la santé, du droit à l'eau, du droit au logement, du droit à l'alimentation et du droit à l'environnement.

Quatrièmement, la reconnaissance du droit au logement à travers des textes internationaux ou régionaux qui reconnaissent le droit au logement, comme le PIDESC ou la Charte sociale européenne. C'est le cas dans un grand nombre de pays.

Le PIDESC est par exemple reconnu dans au moins 77 pays comme faisant partie intégrante du droit national. Cependant, l'absence de formation[66] des magistrats et avocats au droit international en matière de droits humains complique la mise en œuvre du PIDESC dans certains pays où les Conventions internationales sont directement applicables au niveau national, sans qu'il soit nécessaire d'adopter des lois spécifiques (ex. Suisse). Cinquièmement, le droit au logement peut être reconnu par la législation ordinaire, par exemple dans une loi nationale sur le logement (voir chapitre III.B)[67]. Les lignes ci-dessous portent sur l'obligation de respecter le droit au logement.

2. L'obligation de respecter le droit au logement

L'obligation de respecter le droit au logement implique que les Etats doivent s'abstenir de toute mesure arbitraire qui entrave l'exercice de ce droit. C'est une obligation négative, qui interdit à l'Etat d'exercer son pouvoir quand celui-ci aurait pour effet de compromettre un accès au logement déjà acquis. Un gouvernement viole par exemple cette obligation quand il décide d'expulser de force des personnes de leurs logements – quel que soit leur statut légal – sans avertissements préalables ni voies de recours disponibles.

Un Etat viole également cette obligation s'il restreint le droit d'association des locataires ou des communautés rurales

[66] C. GOLAY et M. OZDEN. *Op.Cit.,* p.20
[67] *Idem*, p.21

possédant des logements en commun. Pendant un conflit armé, cette obligation signifie que les troupes gouvernementales doivent s'abstenir de détruire des habitations civiles ; elles ne doivent pas non plus bloquer des opérations de secours destinés à fournir un refuge aux déplacés ou aux réfugiés. A l'instar d'autres droits humains, les Etats ont non seulement l'obligation de respecter le droit au logement, mais également de le faire respecter en vertu du PIDESC. Les pages suivantes rappellent l'obligation de protéger le droit au logement.

3. L'obligation de protéger le droit au logement

L'obligation de protéger le droit au logement requiert des Etats qu'ils empêchent des tiers d'entraver de quelque manière que ce soit l'exercice du droit au logement. Il peut s'agir de particuliers, d'entreprises ou d'autres entités. Les Etats doivent par exemple promulguer des lois qui protègent la population contre les spéculations sur la terre ou la propriété, créer des instances chargées d'enquêter en cas de violations et assurer des moyens de recours efficaces pour les victimes, notamment l'accès à la justice.

L'Etat doit aussi intervenir lorsque des particuliers puissants ou des entreprises expulsent des gens de leur terre ou de leur logement, en poursuivant les responsables et en garantissant une réparation aux victimes. Le Rapporteur spécial sur le droit au logement a dénoncé les effets négatifs de la privatisation des services publics dans plusieurs de ses rapports.

Il souligne que l'Etat a l'obligation de garantir que la privatisation de l'eau, par exemple, n'aura pas d'effets négatifs sur l'accès à l'eau et à un logement adéquat de la population. Or cette privatisation a très souvent entraîné des augmentations de prix qui l'ont rendu inabordable pour les plus pauvres. A Manille, par exemple, le prix de l'eau a quadruplé entre 1997 et 2003, suite à la privatisation de l'eau réalisée au profit de la Lyonnaise des Eaux. Dans tous les cas de privatisation des services publics, y compris l'eau ou l'électricité, l'Etat doit continuer à garantir la protection du droit à un logement adéquat[68], y compris pour les plus pauvres.

L'Etat est également tenu d'intervenir pour éviter toute discrimination dans l'accès au logement. Un Etat qui ne garantirait pas, par exemple, qu'aucune personne ne se verra refuser un logement à cause de son sexe, de sa nationalité, de son origine ou de toutes autres formes de discrimination, violerait son obligation de protéger le droit au logement. Il faut mettre en œuvre, faciliter et réaliser le droit au logement comme je le souligne au point suivant.

4. L'obligation de mettre en œuvre (faciliter et réaliser) le droit au logement

L'obligation de mettre en œuvre se décompose en obligations de faciliter et de réaliser le droit au logement. L'obligation de faciliter requiert de l'Etat qu'il prenne des mesures positives pour aider les particuliers et les communautés à exercer leur droit au logement. L'Etat doit par exemple construire des logements à bas prix en quantité suffisante et garantir que les plus pauvres y auront accès à travers des systèmes de subventions.

L'obligation de réaliser implique que l'Etat garantira un logement temporaire à toutes les personnes en situation d'extrême précarité. En cas de conflits armés ou de catastrophes naturelles, une attention spéciale devra être portée aux femmes, aux enfants, aux déplacés internes et aux réfugiés. L'obligation de mettre en œuvre requiert des Etats qu'ils adoptent les mesures législatives nécessaires, qu'ils se dotent d'une stratégie et d'un plan d'action pour le logement au niveau national et qu'ils garantissent qu'un logement sera adéquat, disponible et accessible à chacun, y compris dans les zones rurales et les zones urbaines les plus vulnérables.

Un Etat dans lequel un grand nombre de personnes est privé d'accès à un logement minimum, ou au moins à un lieu de refuge temporaire, viole prima facie (de prime abord) son

---

[68] *Idem*, p.23

obligation de réaliser le droit au logement. Les pays les plus pauvres, s'ils n'ont pas les ressources suffisantes pour respecter cette obligation minimale, doivent faire appel à la coopération internationale pour y remédier. La coopération et l'assistance internationales constituent une obligation qu'il me faut rappeler.

5. Les obligations de coopération et d'assistance internationales

Si les Etats les plus pauvres ont l'obligation d'appeler à la coopération internationale pour réaliser le droit au logement de leur population, les Etats riches ont l'obligation d'y répondre. Ils s'y sont engagés en ratifiant le Pacte international relatif aux droits économiques, sociaux et culturels qui prévoit que les Etats doivent agir, tant par leurs efforts propres que par l'assistance et la coopération internationales, au maximum des ressources disponibles, pour réaliser le droit au logement[69] . Dans son observation générale No 4, le Comité des droits économiques, sociaux et culturels a décrit la dimension internationale des obligations des Etats parties au Pacte en ces termes [70]:

« Jusqu'à présent, moins de 5 % de l'ensemble de l'aide internationale a été consacrée aux logements et aux établissements humains, et souvent le financement ainsi consenti n'a guère contribué à répondre aux besoins des groupes les plus défavorisés. Les Etats parties, tant bénéficiaires que contribuant, devraient veiller à ce qu'une part substantielle du financement soit consacrée à l'instauration de conditions permettant à un plus grand nombre de personnes d'être convenablement logées.

Les institutions internationales de financement qui préconisent des mesures d'ajustement structurel devraient veiller à ce que l'application de ces mesures n'entrave pas l'exercice du droit à un logement suffisant. Lorsqu'ils envisagent de faire appel à la coopération internationale, les Etats parties devraient indiquer les domaines concernant le droit à un logement suffisant dans

---

[69] 43 Article 2 (1) du Pacte international relatif aux droits économiques, sociaux et culturels.

[70] C. GOLAY et M. OZDEN, *Op Cit.* p.25

lesquels un apport financier extérieur serait le plus souhaitable. Ils devraient tenir pleinement compte, dans leurs demandes, des besoins et des opinions des groupes concernés»[71]. Il y a des mécanismes de contrôle au niveau international que je souligne dans les lignes ci-dessous.

Section 5. Les mécanismes de contrôle au niveau international

Au niveau national comme au niveau régional et international, il y a deux types de mécanismes de contrôle utilisables : les mécanismes de contrôle judiciaires et un juge national par exemple qui rendent des décisions obligatoires pour les pouvoirs politiques, et les mécanismes de contrôle extra-judiciaires ; une commission nationale des droits de l'homme par exemple ou quasi-judiciaires ; les comités conventionnels de l'ONU par exemple : qui adressent des recommandations ou négocient une réparation ou une compensation avec les pouvoirs politiques.

Les principaux mécanismes de contrôle disponibles au niveau international pour protéger le droit au logement sont extrajudiciaires. Il s'agit 1) du Rapporteur spécial des Nations Unies sur le droit au logement, qui est chargé de présenter des rapports au Conseil des droits de l'homme (anciennement Commission des droits de l'homme) sur la réalisation et les violations du droit au logement dans le monde et 2) du Comité des droits économiques, sociaux et culturels[72] qui est chargé de surveiller le respect, la protection et la réalisation du droit au logement reconnu par les Etats dans le Pacte international relatif aux droits économiques, sociaux et culturels.

Mais trois (3) d'autres Comités conventionnels des Nations Unies chargés de surveiller le respect des traités internationaux ratifiés par les Etats qui reconnaissent le droit au logement partiellement ou par le truchement d'autres droits humains (ex. le droit à la vie) ont des compétences quasi-judiciaires. Je parle du rapporteur spécial des Nations Unies sur le

[71] Observation générale No 4, sur le droit à un logement suffisant (article 11, par.1), adoptée le 13 décembre 1991 (voir annexe 1)

droit au logement, du comité des droits économiques, sociaux et culturels, enfin des autres comités conventionnels des Nations Unies.

§1. Le Rapporteur spécial des Nations Unies sur le droit au logement

Le Rapporteur spécial sur le droit au logement est un mécanisme créé par la Commission des droits de l'homme des Nations Unies[72]. M. Miloon Kothari, de nationalité indienne, a été nommé à ce poste en l'an 2000, et son mandat a été renouvelé par le Conseil des droits de l'homme des Nations Unies – qui a remplacé la Commission des droits de l'homme en 2006.

Le Rapporteur spécial est chargé en substance de « rendre compte » de la « réalisation » et de « l'évolution », dans le monde entier, du droit au loge- ment[73], tout en se penchant sur des « solutions concrètes » dans ce domaine[74].

Pour promouvoir le droit au logement, le Rapporteur spécial a trois moyens à sa disposition : la présentation de rapports annuels, généraux et thématiques, sur le droit au logement devant le Conseil des droits de l'homme ; la conduite de missions de terrain dans le but de contrôler le respect du droit au logement dans les pays visités ; l'envoi d'appels urgents aux gouvernements dans des cas précis de violation du droit au logement. Pour l'utilisation de ces trois moyens, le Rapporteur spécial s'appuie sur le travail des ONG et des organisations de la société civile. C'est un

[72] Bien que ce Comité soit un organe conventionnel, il n'est pas habilité à recevoir des plaintes. Un protocole se rapportant au PIDESC est en cours d'élaboration au sein du Conseil des droits de l'homme pour y remédier. Pour plus d'information, prière de se référer à notre brochure « Pour un Protocole additionnel au PIDESC ! », édition CETIM, Genève, 2005.

[73] Cf. Résolution 2000/9 de la Commission des droits de l'homme, adoptée le 17 avril 2000.

[74] Cf. Résolution 2003/27 de la Commission des droits de l'homme, adoptée le 22 avril 2003

mécanisme de contrôle intéressant car il est très facilement accessible (même par e-mail ou par courrier postal, voir annexe 4).

Comme nous l'avons souligné dans la première partie, le Rapporteur spécial a mis l'accent dans plusieurs de ses rapports sur l'interdiction des ex- pulsions forcées. Il a également publié plusieurs rapports sur la signification de l'obligation de non-discrimination dans les politiques de logement et de l'accès au logement, en insistant sur le droit au logement des femmes. Le Rapporteur spécial s'est pour l'instant rendu dans les Territoires palestiniens occupés, en Roumanie, au Mexique, au Pérou, en Afghanistan, au Kenya, au Brésil, au Cambodge, en Iran, en Australie, en Afrique du sud et en Espagne. Pendant ces missions, il a rencontré non seulement les autorités des pays concernés, mais également les mouvements sociaux et les ONG de ces pays, dans la capitale et en se déplaçant sur le terrain, présentant par la suite des rapports de mission[75]au Conseil des droits de l'homme (anciennement Commission des droits de l'homme) sur le respect du droit au logement dans chacun de ces pays, qui comprennent de nombreuses recommandations adressées aux Etats.

Le Rapporteur spécial a également envoyé de très nombreux appels urgents aux gouvernements dans des cas précis de violations du droit au logement. Dans la plupart des cas, le Rapporteur spécial a agi sur la base des informations qu'il a reçues de la part des ONG. Mais il peut être approché par n'importe quelle personne ou organisation, et décider d'agir s'il estime que le droit au logement est menacé. Les appels urgents restent le plus souvent confidentiels, mais si le Rapporteur spécial n'obtient pas de réponses il peut les rendre publics. Que retenir du comité des droits économiques, sociaux et culturels ?

§2. Le Comité des droits économiques, sociaux et culturels

Le Comité des droits économiques, sociaux et culturels a été créé en 1985. Il est composé de 18 experts

[75] Tous les rapports de mission du Rapporteur spécial sont disponibles sur le site du HCDH à l'adresse suivante : http://ap.ohchr.org/documents/dpage_e.aspx?m=98

indépendants, qui se réunissent deux fois par an née à Genève pour des périodes de trois semaines.

Tous les Etats qui ont ratifié le Pacte international relatif aux droits économiques sociaux et culturels sont tenus de présenter un premier rapport au Co- mité des droits économiques, sociaux et culturels deux ans après l'acceptation du Pacte, et ensuite tous les cinq ans, sur les mesures qu'ils ont prises pour réaliser les droits qu'ils ont reconnus, y compris le droit au logement, et de venir le défendre à Genève. Le Comité des droits économiques, sociaux et culturels examine le rapport de l'Etat, pose des questions à ses représentants et lui adresse des observations finales[76].

Pendant tout le processus, de la présentation du rapport au suivi des observations finales, le rôle des organisations de la société civile est crucial. Ces organisations peuvent présenter des rapports parallèles au Comité sur la réalisation et sur les violations du droit au logement, elles peuvent assister aux débats entre les représentants de l'Etat et les membres du Comité, et elles peuvent assurer le suivi des observations finales au niveau national, en faisant pression pour que leurs gouvernements, qui ne sont souvent pas « motivés » pour en tenir compte, les transforment en une amélioration concrète de la vie des populations défavorisées dans le pays.

L'un des exemples les plus efficaces de la protection du droit au logement par le Comité des droits économiques, sociaux et culturels a été son intervention contre les expulsions forcées qui sévissaient en République dominicaine dans les années 1990. 15'000 personnes avaient déjà été expulsées de force par le gouvernement dominicain quand le Comité est intervenu en 1990. Le gouvernement prévoyait d'expulser 70'000 autres personnes

[76] Tous les rapports des Etats, le contenu de tous les débats et toutes les observations finales du Comité des droits économiques, sociaux et culturels sont disponibles sur le site du Haut- Commissariat aux droits de l'homme des Nations Unies : www.unhchr.ch/tbs/doc.nsf

dans la perspective des festivités du 500ème anniversaire de l'arrivée de Christophe Colomb en Amérique. Saisi par des ONG, le Comité a rédigé un rapport sur cette question, puis il a examiné le rapport du gouvernement et celui parallèle des ONG à Genève, avant de présenter ses observations finales à la République dominicaine[77]. Dans cette affaire, le Comité a conclu que l'expulsion forcée de 15'000 personnes, sans relogement approprié, était une violation du droit au logement. Il a ensuite sommé le gouvernement de suspendre toute expulsion forcée supplémentaire, ce que le gouvernement a fait, suspendant l'évacuation planifiée des 70'000 autres personnes. Le rôle des ONG a été crucial dans cette affaire.. Il y a aussi les autres comités conventionnels des Nations Unies que je rappelle.

§3. Les autres Comités conventionnels des Nations Unies

Plusieurs autres comités conventionnels des Nations Unies se sont occupés occasionnellement de la protection du droit au logement dans leur travail de surveillance des traités internationaux en matière de droits humains.

Le *Comité pour l'élimination de la discrimination raciale* a par exemple souvent évoqué la question du logement comme l'un des domaines dans les- quels les Etats agissent de manière discriminatoire, ou ne protègent pas leurs populations contre des actes discriminatoires par des tiers. La discrimination contre les populations indigènes ou les peuples autochtones est un sujet typique qui a été abordé par le Comité dans plusieurs de ces observations finales à des Etats d'Amérique latine, à l'Australie, à la Nouvelle-Zélande, au Soudan ou aux Philippines. Ce Comité a également conclu à la violation du droit au logement dans plusieurs cas de plaintes individuelles, y compris dans un cas aux Pays-Bas où l'arrivée d'un étranger dans un appartement de la ville d'Utrecht a provoqué des réactions xénophobes très violentes de la part des habitants du quartier, sans qu'aucune mesure de protection ne soit prise par l'Etat[78].

Le *Comité contre la torture* a lui aussi protégé l'exercice du droit au loge- ment dans son travail avec les Etats, en assimilant dans plusieurs cas les expulsions forcées avec de la torture ou des peines ou traitements cruels, inhumains et dégradants. Dans ses observations finales présentées à l'Etat d'Israël en 2001, le Comité contre la torture a par exemple conclu que les politiques de démolition de maisons dans les territoires palestiniens occupés représentaient dans bien des cas une peine ou un traitement cruel, inhumain ou dégradant. Les expulsions forcées ont été également plusieurs fois assimilées à des traitements cruels, inhumains et dégradants dans des cas de plaintes individuelles examinées par le Comité. Dans le cas de l'expulsion forcée et de la destruction de plusieurs maisons de familles Rom au Monténégro, incendiées par des centaines de manifestants sous les yeux de la police qui n'a pas réagi, le gouverne- ment de Serbie et Monténégro a été condamné pour ne pas avoir protéger les familles attaquées[79].

Conclusion

Le *Comité pour l'élimination de la discrimination à l'égard des femmes,* le *Comité des droits de l'enfant,* le *Comité des droits de l'homme* et le *Comité des travailleurs migrants* sont aussi intervenus occasionnellement sur des questions de logement – par exemple pour protéger l'égalité hommes-femmes dans l'accès au logement ou les droits d'hériter des femmes mais ils l'ont fait de manière moins systématique que les autres comités d'experts des Nations Unies. Leur travail de protection du droit au logement, potentiellement très important, reste donc à démontrer. A présent il me semble important d'analyser le mécanisme de protection et de promotion du droit au logement en Afrique.

---

[78] Comité pour l'élimination de la discrimination raciale, Communication No. 4/1991, CERD/C/42/D/4/1991.

[79] Comité contre la torture, Hajrizi Dzemajl et consorts c. Serbie-et-Monténégro, Communication No. 161/2000, CAT/C/29/D/161/2000.

Chapitre 3

Mécanisme de protection et promotion du droit au logement en Afrique

Le présent chapitre porte sur le mécanisme de protection et de promotion du droit au logement en Afrique .

Ce chapitre comprend trois sections. La première aborde les principaux facteurs relatifs à la croissance de l'habitat dans le continent africain et la deuxième parle de la problématique de la résorption de l'habitat en Afrique et enfin la dernière explique les mécanismes de contrôle du droit au logement en Afrique. Dans ce chapitre je parle des principaux facteurs de la croissance de l'habitat informel en Afrique, de la résorption de l'habitat informel dans les villes africaines et des mécanismes de contrôle au niveau régional.

Section 1. Principaux facteurs de la croissance de l'habitat informel en Afrique

Il m'a paru opportun de traiter dans cette première section la crise du logement en Afrique, l'inadéquation des politiques africaines de de logement, du déséquilibre des marchés fonciers urbains africains et des implications de la prolifération des habitats informels dans la gouvernance urbaine.

§1. La crise de logement en Afrique

La question de logement a été de tout temps une préoccupation pour les êtres humains. Ainsi, pour P. Collier et A. Vendables (2013), le droit au logement est un droit universel et reconnu au niveau international et dans plus de 100 Constitutions nationales dans le monde. C'est un droit reconnu pour chaque personne. En dépit de cela, les sans-abris, les mal-logés et les expulsés sont de plus en plus nombreux dans toutes les villes et les campagnes de la planète.

Selon ONU-Habitat (2007a), plus de 4 millions de personnes ont été expulsées de force de leur logement entre 2003 et 2006. Dans le monde, 100 millions de personnes sont sans-abri et plus d'un milliard de personnes sont mal-logés. Selon les estimations des Nations Unies, 3 milliards de personnes vivront dans des bidonvilles en 2050. La plupart de ces personnes vivent dans les pays du sud, mais aucun continent n'est épargné[80]. Par ailleurs, P. Antoine (1996) souligne que le rapport de l'homme au logement constitue un des ressorts essentiels de la croissance et de la transformation des villes: nécessité de se loger, aspiration générale et de plus en plus prononcée à la propriété du logement, rapport entre propriétaires et locataires, intervention dans ces rapports de l'État et des collectivités territoriales à divers niveaux, notamment pour développer la construction de logements et en général l'accession à la propriété.

Ainsi, la réalisation du droit au logement pour tous, suppose qu'il faut s'attaquer aux causes profondes du non-accès au logement dans le monde. Ces causes sont entre autres: la spéculation sur la terre et la propriété; les expropriations et les expulsions forcées[81]; l'exode rural et l'accroissement des bidonvilles; la discrimination contre les groupes vulnérables, y compris les femmes, les enfants, les réfugiés, les migrants, et les personnes âgées ou handicapées; les catastrophes naturelles et les conflits armés; et les effets négatifs de la privatisation des services publics[82]. En quarante ans le paysage urbain africain, s'est profondément modifié. En effet, les autorités publiques ont d'abord lutté contre la constitution de bidonvilles mais bien souvent, de nouveaux espaces ont été urbanisés, hors de tout contrôle de l'État, qui, après avoir essayé d'enrayer le phénomène, préfère aujourd'hui l'accompagner.

---

[80] ONU Habitat, 2007b

[81] Vincent ZOMA et Nadaogo NAKANABO, *L'habitat informel en Afrique*, Grin Verlag 2022,9783346799326, Hal-03955100, p.29

[82] ONU-Habitat 2008

La question du logement est indissociable de la question de l'accès au sol. Dans la plupart des villes les pouvoirs publics ont été submergés par le nombre et au cours des années qui ont suivis les indépendances la croissance spatiale des villes résultent de plus en plus d'extensions illégales et l'autoproduction devient la forme dominante d'édification du bâti (A. Dubresson, 1993). Pour Y. Sané (2013), le logement urbain est devenu l'un des biens les plus coûteux dans l'ensemble des pays africains. Entre 1997 et 2004, les prix moyens ont augmenté de 195 % en Afrique du Sud. En outre, le coût d'un logement peut représenter souvent 2,5 à 6 fois le salaire annuel moyen.

Au Ghana, le coût moyen d'une maison décente pour une famille à faible revenu représente plus de 10 fois le salaire annuel moyen de la plupart des travailleurs. En Algérie, ce coût peut être de pas moins de 12 fois le salaire annuel. L'accès à la terre est non seulement une condition préalable indispensable à l'accès au logement, mais constitue aussi l'un des principaux éléments du coût de la construction d'une habitation[83]. En outre, compte tenu du nombre d'étapes requises pour viabiliser des terrains aux fins de la construction de logements, c'est aussi l'un des principaux obstacles à l'offre de logements formels, en particulier pour les familles à faible revenu - il faut généralement plusieurs années pour franchir toutes ces étapes, et les terrains concernés sont envahis par des taudis avant que des titres formels ne soient attribués[84][85].

Au Cameroun, la production de logements est demeurée insuffisante et la contribution des organismes étatiques ne constitue que 10% de l'offre globale de logements contre 90% pour le secteur informel. À l'heure actuelle, la demande non satisfaite est estimée à plus de 700 000 unités avec une croissance annuelle des besoins de l'ordre de 10%. De plus les décalages entre le prix des logements construits et la capacité financière des

[83] ONU-Habitat, 2010b
[84] J-C. Grisoni-Niaki, 2000
[85] Vincent ZOMA et Nadaogo NAKANABO, *L'habitat informel en Afrique*, *Op Cit*. p.30

ménages font l'objet d'une évolution inverse au fil des décennies[86].

Dans la société Sénégalaise, la propriété privée procure un statut privilégié. Généralement, être respecté au sein de la communauté passe entre autres par le fait d'être propriétaire de son logement, qui est un patrimoine, parfois le seul, qu'un bon père de famille peut transmettre à sa descendance. Mais les évolutions récentes montrent une diminution notable du nombre de propriétaires. Dakar en raison de son boom démographique associé aux problèmes de disponibilité de terrain à construire, connaît un nombre impressionnant de locataires[87].

Selon le Recensement Général de la Population et de l'Habitat (RPGH 3) de 2002, les locataires sont dorénavant plus nombreux que les propriétaires. En effet, on a enregistré 41,8 % de ménages propriétaires, contre 49,4 % de locataires (Y. Sané, 2013). Une enquête de ANSD en 2012 indique une légère augmentation des locataires (51,6 %) et une stabilisation des propriétaires (42,6 %). Cette situation dans la capitale est d'autant plus alarmante que les prix des loyers ne cessent d'augmenter.

La valeur moyenne mensuelle de la location dans la région de Dakar a connu une progression de 115,6 % entre 1994 et 1999 et de 38,6 % entre 1999 et 2009. Le loyer moyen mensuel était de 56 000 Fcfa en 2009 (A. Badian, 2012). P. Antoine (1996) rapporte que la densité dans les logements de certaines villes africaines est tellement si élevée qu'elle peut atteindre parfois 10 personnes par pièce quand bien même que celle-ci soit construite avec des matériaux de récupération. Selon l'auteur, au Ghana, des sondages ont révélé une moyenne de 18,4 personnes par logement à Accra, 21,3 à Kumassi la deuxième ville du pays.

À Nairobi, 52 % des [88]ménages vivent à plus de 5 personnes par pièce. À Dakar, on trouve parfois des foyers

[86] A. R. LIME, 2011

[87] Y. SANE, 2013

[88] Vincent ZOMA et Nadaogo NAKANABO, *Op Cit*.p.31

recouvrant plusieurs ménages de plus de 5 personnes, sans compter les enfants. À Lagos ou à Ibadan, 10 personnes en moyenne vivent dans la même pièce. À Lomé, un célibatorium de 10 m2 peut abriter presqu'en moyenne 6 personnes etc. Dans la capitale Gabonaise la crise du logement est palpable. Libreville seule accuse un déficit de près de 160 000 logements. La conséquence immédiate de cette situation est la hausse permanente des frais de loyer et l'enrichissement des promoteurs du secteur immobilier. Lesquels détiennent également une bonne partie des villas et des terres dans les grands centres urbains, avec titre foncier, alors que les Gabonais économiquement faibles et les citoyens à revenus moyens vivent dans des taudis construits à la hâte dans les quartiers sous intégrés[89].

Au Burkina Faso l'accroissement rapide de la population urbaine a engendré un déficit croissant de l'offre de logement. Selon une étude de ONU-Habitat (2007b), ce déficit de logement se caractérise par une précarité des logements, plus de 50% des logements en ville sont en banco. Par ailleurs, le rapport entre le prix du loyer et le revenu des ménages est de 72,2% à Ouagadougou et de 56,56% à Bobo-Dioulasso. Ce qu'il faut bien voir, c'est qu'il y a une inadéquation des politiques africaines de logement.

§2. L'inadéquation des politiques africaines de logement

Pour faire face à la crise de logement dans les villes africaines, les États africains ont mis en œuvre des politiques d'habitat dont l'objectif était d'offrir aux citadins des logements abordables et des parcelles constructibles. Ainsi les entreprises étatiques et du secteur privé ont été sollicitées pour construire des logements à bas prix. Cependant, ces initiatives ont peu d'impact sur la crise de logement[90].

En effet, au Mozambique, les logements « abordables » coûtaient finalement si cher qu'ils sont devenus des

---

[89] F.M. ALLOGHO-NKOGHE, 2006
[90] J-F. *Tribillon*, 2000

logements de luxe. En Afrique du Sud, les coûts de logement sont demeurés modestes, mais il a fallu pour cela utiliser des terrains éloignés des centres d'emploi et donc bon marché. En Angola, le gouvernement a fait appel à des entreprises chinoises[91] pour construire une ville nouvelle.

Toutefois, même avec de la main-d'œuvre et des méthodes chinoises, le prix des logements se situait finalement entre 50 000 et 100 000 dollars, et était donc hors de portée des ménages ordinaires. Et pourtant il n'est pas inévitable que le coût d'un logement décent soit aussi élevé. Au Mexique où les revenus par habitant sont beaucoup plus élevés qu'en Afrique, le secteur privé construit des logements en masse habituellement 800 000 unités par an environ à un coût unitaire d'environ 35 000 dollars[92].

Pendant longtemps au Burkina Faso, l'offre de logement a été très insuffisante. Elle résultait pour une très faible part de structures étatiques de promotion immobilière telle que la SOCOGIB, et d'autre part de l'initiative privée individuelle. L'offre de logement en provenance des sociétés étatiques de promotion immobilière a toujours été inadaptée par rapport à la demande réelle. Elle visait surtout la frange aisée de la population urbaine (notamment les hauts cadres de l'administration).

L'État a entrepris la construction de cités au profit des populations à revenus moyen ces dernières décennies. Dans la pratique les logements produits ont été accaparés par les hauts revenus urbains. Par ailleurs, l'une des principales difficultés associées à la fourniture de logements aux citadins des villes africaines est l'offre de terrains aménagés, y compris les coûts associés. On constate actuellement que, du fait du fort accroissement de la population urbaine, les ressources foncières se raréfient et sont de plus en plus convoitées, ce qui a aussi fait grimper la valeur des terrains urbains, notamment dans les zones périurbaines.

---

[91] Vincent ZOMA et Nadaogo NAKANABO, *Op Cit* p.32
[92] P. COLLIER et A. VENABLES, 2013

À l'évidence, on ne s'intéresse pas assez à la recherche de solutions à l'expansion des villes dans les zones périurbaines et à la nécessité que cela entraîne d'assurer durablement la gestion des terres, la fourniture de services et une bonne gouvernance foncière[93], le marché du logement locatif est un des recours des pauvres ; toutefois, l'insuffisance de logements décents et les prix élevés des loyers écartent les personnes démunies de cette possibilité.

En conséquence les pauvres[94] achètent des terrains ou louent des logements dans des zones hors plan urbains, insalubres ou dans des lotissements irréguliers ce qui se traduit par la prolifération de bidonvilles avec leur cortège de taudis, de pollution, de surpeuplement, de promiscuité, de manque de services de base. Il me faut signaler le déséquilibre des marchés fonciers urbains africains.

§3. Le déséquilibre des marchés fonciers urbains africains

Le foncier joue un rôle critique dans la réalisation d'un développement urbain durable. Ainsi, son mode d'occupation et l'information sont des éléments indissociables et importants. En d'autres termes, la terre est un élément essentiel du développement durable des établissements humains (y compris un large accès à un logement décent en milieu urbain, à des moyens de subsistance et aux services de base), pour deux raisons essentielles.

D'une part, la sécurité d'occupation est un facteur clef dans la mesure où la terre est le point de départ des activités humaines et où les droits fonciers (par exemple de propriété, d'accès, de transfert et d'utilisation) doivent être étroitement suivis et protégés [95]. D'autre part, la sécurité d'occupation est un facteur clef dans les décisions que prennent les populations en

[93] A. DUBRESSON et S. JAGLIN, 2000
[94] Vincent ZOMA et Nadaogo NAKANABO, *Op Cit.* p.33
[95] Onu-Habitat, 2010c

matière d'investissement, de promotion de l'harmonie sociale et de protection de l'environnement[96].

De fait, les politiques, lois et pratiques régissant l'utilisation, l'administration et la gestion du foncier déterminent en fin de compte les résultats en matière de développement urbain et de logement. Cependant, la question des marchés fonciers est devenue centrale dans la réflexion économique sur le développement. Les marchés de transfert provisoire et définitif de droits sur la terre sont vus comme jouant potentiellement un rôle déterminant dans le processus de développement, en permettant d'améliorer l'allocation des facteurs dans un contexte où les dotations en facteurs de production[97] et en capacités de gestion sont hétérogènes[98].

Dans nombre de villes africaines, le marché foncier urbain souffre de distorsions défavorables aux pauvres. Le marché des titres fonciers est souvent le seul reconnu par les textes. Mais dans la réalité et les pratiques, les marchés fonciers coutumiers et informels sont fortement actifs et dynamiques et dominent de ce fait, la sphère des transactions immobilières urbaines. Les coûts croissants des biens fonciers et d'autres facteurs empêchent les pauvres et d'autres groupes vulnérables et défavorisés d'accéder à des terrains adaptés, ne présentant pas de risques économiques, environnementaux ou sanitaires pour les résidents[99].

Ce sont donc les marchés informels qui compensent cette situation génératrice d'exclusion, et ce sont eux qui régissent l'immense majorité des transactions qui se font aujourd'hui dans les villes africaines[100]. En Afrique du Nord, les systèmes de tenure foncière sont fortement influencés par la

---

[96] J-F. TRIBILLON, 2000
[97] J-C. CHAUVEAU, 2006
[98] Vincent ZOMA et Nadaogo NAKANABO,*Op Cit.* p.34
[99] A. DURAND-LASSERVE, 2014
[100] ONU-Habitat, 2010c

jurisprudence islamique concernant les transferts de propriété et la transmission des droits primaires et dérivés.

Ainsi, la dynamique qui gouverne les marchés fonciers urbains tient avant tout au coût de plus en plus élevé du terrain. Aucun autre actif n'a augmenté dans ces proportions dans la sous-région, le prix moyen doublant tous les trois ans. Du coup, la densité est forte dans les centres-villes, et les nouveaux aménagements se situent avant tout à la périphérie[101].

En dépit des interventions des pouvoirs publics pour aménager les terres désertiques de l'État, le secteur formel a été incapable de satisfaire la demande d'habitat bon marché. Du coup, de vastes parcs de logements irréguliers ont été aménagés illégalement sur des terres agricoles situées sur les périphéries urbaines et sur des terrains publics dans le désert qui borde la vallée du Nil.

Dans une étude de 2007, la Banque mondiale estimait qu'en Egypte le parc irrégulier ne comprenait pas moins de 8,5 millions d'unités d'habitat[102]. Dans ce contexte, face à une demande soutenue et à leur propre incapacité à fournir des terrains viabilisés dans les proportions voulues, les pouvoirs publics en sont venus à[103] tolérer l'étalement urbain spontané ainsi qu'une application sporadique des codes et règlementations, la surface des zones urbanisées ayant doublé ou même triplé.

De même, les zones peu viabilisées ont augmenté deux à trois fois plus vite que les zones urbanisées dans leur ensemble[104]. La proportion de la population urbaine d'Afrique du Nord vivant dans des zones de peuplement irrégulières varie entre 20 % en Tunis et plus de 60 % dans la région du Caire. Toutefois, dans ces zones, les bâtiments sont d'une qualité suffisante, les agencements rectilignes et, à l'exception du

---

[101] N.M. RAYNAUD, 2013

[102] ONU-Habitat, 2010a

[103] Vincent ZOMA et Nadaogo NAKANABO, *Op Cit.* p.35

[104] S. SAUS SEY, 2009

Soudan, ils souffrent rarement de plus d'une carence en termes d'aménagement, le plus souvent c'est l'absence de tout-à-l'égout, ou de superficies insuffisantes qui provoque l'entassement[105].

La grande diversité des pays d'Afrique subsaharienne tient pour une part à l'héritage du colonialisme et de l'indépendance. Les modalités de gouvernance foncière introduites par les Français, les Britanniques et, dans une moindre mesure, les Portugais ont été pour la plupart reprises telles quelles par les États nouvellement indépendants qui entendaient conserver une maîtrise étroite des processus de gestion et de distribution des terres (A. Durand-Lasserve, 20014). Les deux systèmes législatifs qui dominent sont le code civil français et la common law (droit jurisprudentiel) britannique.

Dans les pays francophones, la législation foncière s'appuie toujours sur le code civil colonial français qui reconnaissait : le domaine public de l'État et son caractère inaliénable, le domaine privé de l'État qui peut être aliéné sous certaines conditions ; les terrains privés pour lesquels un titre a été délivré ; les terrains coutumiers ; et les terres vacantes et sans maître[106]. Certaines ambiguïtés entre les notions de "domaine public" et de "domaine de l'État" viennent brouiller la distinction entre terrain aliénable et non aliénable, et souvent pour le plus grand bénéfice de ceux qui travaillent dans les organismes publics d'administration foncière.

En Afrique de l'Ouest anglophone, les catégories foncières sont plus ou moins les mêmes, mais la notion de "terrain public" aliénable et inaliénable est moins ambiguë(M. M. Raynaud et al., 2013)[107]. Cependant, pris dans leur ensemble, les marchés fonciers forment un seul système. Par conséquent, toute modification dans un compartiment de ce marché a des répercussions sur les autres.

---

[105] ONU-Habitat, 2009b

[106] A. DURAND-LASSSERVE, 2004b

[107] Vincent ZOMA et Nadaogo NAKANABO,*Op Cit,* p.36

Par exemple, la baisse des attributions d'un certain type induit un accroissement dans d'autres. Ainsi, la forte demande des aménageurs privés à Dakar ces dernières années a augmenté la pression sur les marchés fonciers informels dans les pourtours urbains. On peut assister aussi à la situation inverse. Au Burkina Faso ces dernières années, l'attribution massive de terrains publics a allégé les pressions exercées par la demande sur les marchés fonciers informels/coutumiers[108].

D'une manière générale, dans la grande majorité des villes d'Afrique centrale et de l'Ouest, les pauvres et des proportions notables des catégories à revenus faibles ou moyens sont incapables d'accéder aux marchés fonciers officiels, qu'ils soient publics ou privés. Le secteur privé officiel ne pourvoit pas aux besoins des ménages à faibles revenus, à moins qu'il soit fortement subventionné. Cette situation rend les marchés fonciers informels plus attrayants puisque plus souples, avec des délais plus courts et des coûts de transaction peu élevés, et où la tenure est considérée comme assez sûre pour encourager un certain investissement dans le terrain et l'habitat[109].

Selon A. Durand-Lasserve (2004b), dans la vaste majorité des villes d'Afrique subsaharienne, les populations pauvres mais aussi une partie importante des groupes à revenus moyens n'ont pas accès aux filières publiques et privées formelles de terrains pour l'habitat. Dans ce contexte, on observe que la réponse à la demande populaire de terrain pour l'habitat et de logement est largement assurée par les filières dites informelles de production et de gestion foncière. Les principaux pourvoyeurs de ces filières informelles restent les possesseurs coutumiers de sol. Pour A. Durand-Lasserve et J-F. Tribillon (2001), les anciennes communautés possédaient collectivement un droit d'usage sur le sol à des fins agricoles ou pastorales.

L'extension spatiale des villes a progressivement englobé les terres coutumières et les[110] communautés concernées

---

108 ONU-Habitat, 2010b

109 A. ROCHEGUDE, & C. PLANÇON, 2009

110 Vincent ZOMA et Nadaogo NAKANABO, *Op Cit,* p.37

ont vite compris le profit qu'elles pouvaient tirer de cette situation en offrant aux urbains des terrains non aménagés à bas prix. C'est un véritable marché coutumier ou pseudo coutumier qui s'est développé donnant naissance à toutes sortes de quartiers informels. Les uns vivent dans la peur du déguerpissement, les autres dans la certitude d'être régularisés un jour ou l'autre mais les uns comme les autres sont installés dans l'illégalité.

Celles-ci constituent une véritable alternative à la production publique de terrains pour les populations à bas revenus. Dans tous les pays d'Afrique de l'Est, on trouve une double structure de la tenure, où les régimes fonciers coutumiers (traditionnels) fonctionnent côte à côte avec les régimes de droit formel (législatif). Il s'agit là d'un vestige de l'ère coloniale. Les Britanniques (au Kenya, en Ouganda et en Tanzanie), les Italiens et les Français (en Somalie, en Erythrée et à Djibouti) et les Français et les Belges (au Rwanda et au Burundi) ont introduit des systèmes règlementaires d'enregistrement des titres fonciers dans leurs centres coloniaux urbains et dans les zones commerciales et de production agricole, tout en laissant les modes de tenure coutumière régir les zones urbaines et rurales indigènes[111].

Après l'indépendance, on s'attendait à voir le système législatif de tenure foncière l'emporter un jour définitivement, après son extension progressive à tous les pays au fur et à mesure des adjudications et des échanges, dans les zones rurales comme urbaines. Les réalités d'aujourd'hui sont bien différentes. En effet, on voit dans plusieurs villes de la sous-région proliférer les aménagements urbains irréguliers tandis que les régimes coutumiers y ont été réintroduits en l'absence de systèmes efficaces de gestion et d'administration foncières (ONU-Habitat, 2009a). J-F. Tribillon (1993) fait observer qu'au Ghana la majorité des terres des zones périurbaines est sous régime coutumier.

---

[111] E. DORIER-APPRILL. 2000

À Yaoundé (au Cameroun), plus de 70 % de la population des quartiers périphériques occupent les terres coutumières. En Tanzanie, les sources officielles estiment qu'environ 70 % des habitants de Dar-es-Salaam vivent dans des quartiers informels ou « non planifiés », dont beaucoup se sont développés sur des terrains coutumiers ou quasi-coutumiers. À Dakar (au Sénégal), on considère que[112] plus de 90 % des logements produits entre 1982 et 1987, l'ont été par le secteur informel, le plus souvent sur des terres faisant l'objet d'une revendication coutumière. À Cotonou et Porto-Novo (au Bénin), on estime que 80 % des terrains lotis ont été mis sur le marché au cours des deux dernières décennies par des acteurs néo-coutumiers.

La plus grande partie des terres de la ville de Kampala (en Ouganda) est gérée et allouée selon les pratiques néo-coutumières par le Buganda Land Board. Plus que 56 % de la population de Nairobi (au Kenya) habitent dans des quartiers informels dont la gestion emprunte largement aux pratiques (B. Calas, 1998). Selon Konadu-Agyemang (1991) cité par M. Bertrand (2002) au Ghana, les notions de « ville illégale », « d'urbanisation spontanée » " ou de transactions " clandestines ' si abondamment employées dans les contextes francophones pour qualifier toute pratique foncière hors lotissement, n'ont donc pas de sens dans ce pays.

Particulièrement à Accra, plus de 90 % de l'offre actuelle de terrains à bâtir est le fait des propriétaires coutumiers, en toute légitimité, à un rythme de morcellement estimé entre 1 500 et 2000 parcelles par an. Dans le même temps, la puissance publique attribue moins de 300 parcelles par an. Dans la plupart des pays Africains, la constitution et la législation invoquent souvent la justice sociale et les aspects sociaux du droit de propriété, le fonctionnement des marchés urbains officiels n'a pas été à l'avantage des pauvres qui constituent pourtant la majeure partie de la demande.

---

[112] Vincent ZOMA et Nadaogo NAKANABO,*Op Cit*, p.38

L'écart entre le besoin de terrains urbains et leur disponibilité sur le marché officiel reflète celui qui existe entre les politiques publiques d'une part, et l'inégalité d'accès d'autre part qui témoigne du mauvais fonctionnement de ces marchés. Cette situation concourt à la prolifération des habitats informels dans les périphéries des villes Africaines[113].

Cependant, un marché efficace favorisera sans doute le développement urbain, l'offre de logements, la fourniture d'infrastructures et de services dans les villes africaines. Pour exploiter le potentiel existant, il importe de créer un environnement propice au[114] transfert et à l'échange de droits fonciers et immobiliers en instaurant un dispositif d'enregistrement des transactions, des pratiques et des arrangements intrafamiliaux ou communautaires. En encourageant la mise en place de systèmes et marchés robustes de transfert des droits fonciers offrant divers types de droits (primaires ou secondaires) on élargit les possibilités d'acquisition des ressources en terres, de financement de logements et de développement urbain en Afrique[115]. Il convient de noter les implications de la prolifération des habitats informels dans la gouvernance urbaine.

§4. Les implications de la prolifération des habitats informels dans la gouvernance urbaine

La croissance des centres urbains au XXIe siècle s'accompagne d'un déplacement du fardeau de la pauvreté. Au cours des siècles précédents, la pauvreté était plus grande dans les zones rurales dispersées. Aujourd'hui, elle est largement concentrée dans les villes. À l'heure actuelle, près d'un tiers des citadins, soit près d'un milliard de personnes, vivent dans des bidonvilles, des campements de fortune ou des tentes installées sur les trottoirs.

Plus de 90 % des bidonvilles sont situés dans des villes du monde en développement. Dans bon nombre de ces

---

[113] A. ROCHEGUDE, 2002

[114] Vincent ZOMA et Nadaogo NAKANABO, *Op Cit*, p.39

[115] ONU-Habitat, 2010c

villes, les bidonvilles sont devenus le principal type d'établissement humain (OMS, 2009). Dans ces bidonvilles, les menaces pour la santé sont multiples : depuis l'insuffisance de l'assainissement, jusqu'aux flambées de maladies infectieuses qui prolifèrent sur la saleté et dans les taudis surpeuplés.

Les bidonvilles sont des viviers prolifiques pour la tuberculose, l'hépatite, la dengue, la pneumonie, le choléra, et les maladies diarrhéiques[116] qui se propagent aisément lorsque la concentration de population est élevée (OMS, 2009). Toujours selon l'OMS (2009), une part importante de la morbidité dans les bidonvilles résulte d'un accès insuffisant à des installations d'assainissement et à une eau de boisson propre. En 2000, près de 30 à 50% des Africains vivant dans des villes ne disposaient pas d'un approvisionnement en eau saine.

Même dans les cas où une eau saine est disponible, elle n'est souvent pas à la portée des urbains pauvres. Les habitants des bidonvilles en marge des grandes villes d'Afrique de l'Est payent le litre d'eau 5 à 7 fois plus cher qu'un habitant d'Amérique du Nord en moyenne. L'ensemble du continent africain, 45% de la population urbaine ne pouvait accéder à des installations d'assainissement améliorées.

En 2006, en Afrique de l'Est, la défécation à ciel ouvert était la seule pratique d'assainissement disponible pour 33 % de la population. Cette pratique contribue à la contamination de l'eau et du sol dans les villes et à la prévalence de nombreuses maladies véhiculées par l'eau dans les bidonvilles. Les zones inondées, ainsi que les caniveaux, les latrines et les fosses septiques sont des réservoirs importants qui perpétuent la présence du choléra, du paludisme, de la dengue et de la fièvre jaune dans les zones urbaines.

Les fortes densités de population que l'on rencontre dans ces zones précipitent aussi les flambées de maladies infectieuses, le surpeuplement étant un facteur déclenchant dans l'apparition de maladies à tendance épidémique comme la

---

[116] Vincent ZOMA et Nadaogo NAKANABO, *Op Cit*, p. 45

coqueluche et la grippe[117]. Les enfants des bidonvilles supportent une charge de morbidité disproportionnée. En Éthiopie et au Niger, les taux de malnutrition infantile dans les bidonvilles urbains comme dans les zones rurales tournent autour de 40%. La couverture vaccinale dans les bidonvilles du Niger est de 35%, alors qu'elle atteint 86% en milieu urbain classique. Nairobi, où 60% de la population vit dans des bidonvilles, la mortalité des enfants dans ce type d'habitat est 2,5 fois plus élevée que dans d'autres zones de la métropole (OMS, 2009)[118].

En général, les bidonvilles sont souvent situés à proximité d'usines, de décharges, d'égouts ou de voies de circulation encombrées, ce qui expose leurs habitants à une forte charge de maladies respiratoires. L'exposition à de fortes concentrations d'ozone est associée à une augmentation des admissions hospitalières pour pneumonie, pneumopathie obstructive chronique et asthme, ainsi qu'à une mortalité prématurée[119]. Ainsi, les personnes vivant dans des bidonvilles en sont régulièrement victimes et vivent chaque jour sous la menace des expulsions forcées, des foyers sans respect des procédures légales ni des garanties prévues dans les normes internationales et sans offrir d'autres solutions appropriées.

Les gouvernements recourent de plus en plus aux expulsions massives par la force. De nombreux bidonvilles sont démolis pour faire place à des projets d'aménagement urbain comme en Angola et au Cambodge, ou à des projets d'embellissement, voire pour préparer de grands événements. Les conséquences des expulsions forcées sont désastreuses, surtout pour ceux qui en sont régulièrement victimes.

Outre la perte de leurs effets personnels et de leurs réseaux sociaux, ces personnes n'ont plus accès au travail et à certains services, au système scolaire notamment. Elles n'ont parfois plus de domicile fixe et vivent dans des conditions encore

---

117 L. FOURCHARD, 2007

118 Vincent ZOMA et Nadaogo NAKANABO,*Op Cit*, p.49

119 ONU-Habitat, 2011

plus précaires qu'auparavant [120]. L'absence d'infrastructures primaires et secondaires de santé dans la plupart des bidonvilles, les déplacements et les coûts qui en résultent et l'exclusion des personnes qui ne possèdent pas de papiers d'identité sont autant de barrières entravant l'accès au système de soins.

D'après le rapport mondial 2007 du Fonds des Nations unies pour la population, le pourcentage des accouchements réalisés avec l'assistance d'un personnel disposant des qualifications appropriées n'est que de 10 à 20 % pour les femmes vivant dans des bidonvilles au Kenya, au Mali, au Rwanda et en Ouganda, contre 68 à 86 % pour le reste de la population. De même, le manque d'écoles primaires et secondaires dans la plupart des bidonvilles ou à proximité, les coûts liés à l'éducation et les refus d'inscription opposés aux familles des bidonvilles en raison du caractère non officiel de leur domicile entravent particulièrement l'accès à l'éducation[121]. Il faut reconnaître le problème de la résorption de l'habitat informel dans les villes africaines.

Section 2. Problématique de la résorption de l'habitat informel dans les villes africaines

La résorption des quartiers informels représente un enjeu toujours plus pressant pour les villes africaines. Ainsi, une grande variété d'interventions visant à résorber ou restructurer les quartiers irréguliers a ainsi été déployée dans certains pays. Cette section aborde les différentes approches et actions de la résorption de l'habitat informel.

§1. Les approches de la résorption de l'habitat informel

La question de l'illégalité des établissements humains revient avec insistance dans le débat sur les politiques de l'habitat, sans qu'aucune solution satisfaisante n'émerge. La réponse au développement de ces quartiers a souvent pris deux

---

[120] ONU-Habitat, 2012

[121] Amnesty International, 2009

formes distinctes, qui ont fait la preuve de leur inefficacité : l'éviction ou la restructuration complète. L'éviction forcée, souvent pratiquée par les régimes autoritaires, n'a fait que déplacer les quartiers les plus misérables vers des zones périphériques, le plus souvent sans offres de relogement, avec des conséquences sociales désastreuses[122].

Le déplacement et le recasement des habitants de ces quartiers sont néanmoins très coûteux pour la puissance publique et doivent donc être évités à chaque fois que c'est possible. Quant à la restructuration complète, qui consiste à reconstruire les logements et à installer tous les services et équipements publics d'un quartier formel, elle apparaît trop coûteuse et trop lente pour être généralisable[123]. Les habitats informels sont porteurs de risques divers pour la communauté, qu'elle soit locale, nationale ou internationale. Pour la communauté internationale, ces quartiers concentrent en effet une part croissante de la pauvreté mondiale et la réduction de cette dernière, affirmée comme un des objectifs du millénaire, passe donc nécessairement par une action forte dans ces quartiers.

Pour les gouvernements, ces quartiers représentent des risques en termes sociaux, sanitaires, sécuritaires et politiques. Pour les collectivités locales, et notamment pour les élus, de plus en plus nombreux dans un contexte général de décentralisation, ces quartiers sont des freins au développement global des villes. Ils posent des questions complexes en matière de desserte par les réseaux, de fiscalité, de statut foncier, de transport, mais aussi d'image de la ville.

Quant à la population de ces[124] quartiers, l'intérêt de voir leur situation s'améliorer semble évident. L'accès aux services publics, à l'emploi, à l'éducation, à la santé constitue autant de droits fondamentaux qu'elle revendique[125]. Au fur des

---

[122] A. DURAND-LASSERVE, 1992
[123] S. SAUSSEY, 2009
[124] Vincent ZOMA et Nadaogo NAKANABO, *Op Cit*, p.50
[125] E. DORIER-APPRILLE & S. JAGLIN, 2002

années, les gouvernants ont pris conscience que l'extension des quartiers illégaux était un phénomène structurel durable, c'est alors qu'un consensus s'est progressivement dégagé, parmi les responsables des villes, les experts, les agences d'aide internationales et les organisations du secteur.

La nécessité d'une intervention de nature publique fait également consensus. Ces quartiers ne peuvent en effet par eux-mêmes se développer sans appui extérieur. Au contraire, le risque est grand de les voir se dégrader encore plus et entraîner avec eux l'ensemble de la ville. Il s'agit d'améliorer in situ les habitats informels, permettant ainsi de créer les conditions de leur développement autonome. Par la régularisation des statuts fonciers, la mise en place d'une offre de financements adaptés et la desserte de ces quartiers en services publics de base, on espère permettre aux habitants d'améliorer eux-mêmes leurs logements, leurs conditions de vie et leurs revenus[126].

Pour S. Saussey (2009), la régularisation du statut foncier éloigne la perspective d'une éviction et permet donc aux habitants d'investir sans crainte dans leur logement. Cela peut aussi leur donner la possibilité d'accéder au crédit et de s'intégrer aux circuits économiques formels. En clarifiant les occupations de chaque parcelle, la régularisation facilite enfin la desserte en services urbains et le recouvrement de leurs coûts par les organismes et entreprises qui en ont la charge.

L'approche de la régularisation par la Banque Mondiale, préconise la distribution de façon massive et systématique des titres de propriété aux habitants des quartiers informels, afin de favoriser l'intégration des marchés fonciers. Cette approche a été largement popularisée par l'économiste péruvien Hernando de Soto dans un ouvrage publié en 2000 (« Le Mystère du capital »). Selon L. Delville (2005), les habitants des quartiers informels ont des ressources très importantes mais insuffisamment documentées pour être transformées en

[126] A. DURAND-LASSSERVE, 2004a

véritable[127] capital. Ce sont des maisons bâties sur des terrains sans titre de propriété bien certain, des entreprises non déclarées à la responsabilité mal définie, des industries installées hors de vue des financiers et des investisseurs.

Ne faisant l'objet d'aucun titre de propriété, elles ne peuvent être utilisées sur le marché formel : elles ne peuvent être vendues en dehors de petits cercles locaux où les gens se connaissent et se font mutuellement confiance, elles ne peuvent servir de garantie à un emprunt d'apport en nature lors d'un investissement. Il faudrait donc formaliser cette propriété, en distribuant massivement des titres fonciers officiels. Cette propriété formelle a pour effet « d'établir les responsabilités de chacun », et notamment celles du propriétaire lui-même.

En effet, selon L. Delville (2005), la force du régime de propriété vient de la « responsabilité qu'il engendre, des contraintes qu'il impose, des règles qu'il fait naître et des sanctions qu'il peut instaurer ». Or, c'est précisément parce que les pauvres ne sont pas exposés à ces sanctions, parce qu'ils n'ont pas « de propriété à perdre », qu'ils sont privés de l'accès au crédit, aux assurances ou aux dessertes par les réseaux publics.

Cependant, la distribution de titres formels permettrait aux populations des quartiers régularisés d'accéder au crédit hypothécaire pour investir dans l'amélioration de leur logement ou pour développer des activités productives à domicile. En l'absence d'un titre sûr garantissant leur propriété, les habitants des quartiers informels sont en effet exclus de ce type de financement. Pour Moser (1998) cité par N. M. Raynaud (2013), l'absence d'une sécurisation foncière entretient, au-delà de l'engrenage de la pauvreté, le développement d'une économie parallèle considérable qui fragilise les populations et ne contribue pas à la gouvernance des villes et à la richesse des pays.

Cependant, certains auteurs ont remis en cause cette approche. En effet, la titrisation ne facilite pas toujours l'accès au crédit. D'autres critères que la propriété formelle sont

[127] Vincent ZOMA et Nadaogo NAKANABO, *Op Cit*, p.51

pris en compte par les institutions bancaires. Bien souvent les prêteurs accordent plus d'attention à la nature de la propriété et à sa localisation, qu'à la présence ou non d'un[128] titre légal de propriété. Les revenus de l'emprunteur demeurent le critère essentiel. Pour C. Williamson et S. Kerekes (2006), en partant de l'analyse de H. De Soto sur l'économie informelle et des Droits de propriété manquant dans ce secteur ont examiné empiriquement l'importance des droits de propriété formels par rapport aux droits de propriété informels.

Elles en concluent que la codification des institutions informelles n'est pas strictement nécessaire pour stimuler le développement économique. Car selon elles, les institutions informelles précèdent les institutions formelles. Historiquement, les institutions informelles ont tendance à devenir formalisées au fil du temps. Mais, les institutions informelles peuvent conserver leur contenu tacite et sont capables de produire du droit et de sécuriser les droits de propriété comme les normes sociales, les valeurs, les traditions locales et la culture qui influent sur les droits de propriété.

Pour Payne (1997) cité par S. Saussey (2009), la garantie foncière n'est utile que si l'emprunteur a les revenus pour rembourser le prêt. Sinon, la banque ne lui prêtera pas, titre de propriété ou pas. Or, ces revenus sont souvent difficiles à évaluer pour les institutions de crédit, notamment lorsqu'il s'agit de travailleurs indépendants, très nombreux dans ces quartiers. Prêter aux pauvres demeure peu sûr et peu rentable pour les banques, même lorsque les prêts sont garantis par une hypothèque.

Selon A. DurandLasserve et F-J. Tribillon (2001b), l'octroi de titres de propriété accroît la valeur des terrains et la pression foncière sur le quartier, ce qui pousse les occupants à revendre leur propriété, empochant ainsi la plus-value due aux titres nouvellement acquis. Ils sont alors remplacés par des ménages moins pauvres et vont s'installer dans un autre quartier

---

[128] Vincent ZOMA et Nadaogo NAKANABO, *Op Cit,* p.52

informel. Les détracteurs de cette solution affirment donc qu'elle ne fait que déplacer le problème vers les quartiers plus périphériques. Quelles actions menées pour la résorption des bidonvilles ?

§2. Les actions de résorption des bidonvilles

Au vue des enjeux que constituent les bidonvilles dans la dynamique urbaine, certains pays ont mis en place des initiatives de réduction et de prévention des bidonvilles. Cependant, les opérations qui sont mises en œuvre aujourd'hui en Afrique ont un[129] caractère éminemment politique. Les objectifs qu'elles poursuivent sont principalement sécuritaires (quartiers perçus comme dangereux), économiques (uniformisation et concurrence entre les territoires) et électoraux (récupération et distribution de la rente foncière pour asseoir une clientèle politique).

Dans de nombreux cas, ces objectifs impliquent des investissements importants en infrastructures et engendrent de nombreux déplacements sur des zones plus ou moins excentrées et équipées[130]. Ces opérations sont caractérisées par une restructuration des bidonvilles existants avec la sécurisation de l'occupation résidentielle et l'amélioration de l'accès aux services de base ainsi que la planification des extensions urbaines et l'équipement des terrains avec les infrastructures adéquates à l'échelle de la croissance des villes[131].

En 2002 la Mauritanie a initié l'opération de restructuration du quartier « kebbé » d'El Mina et l'opération a duré près de huit années. Elle a commencé par une phase de viabilisation et d'équipement, de remembrement et de régularisation foncière. Parmi les 14 300 ménages concernés par l'opération, 2 000 ont été réinstallés dans un quartier limitrophe bien équipé et 5 000 dans des zones périphériques. Les ménages

---

[129] Vincent ZOMA et Nadaogo NAKANABO, *Op Cit*, p.53
[130] R. BLARY et al., 1999
[131] A. MANSION et V. RACHMUHL, 2012.

déplacés ont reçu une indemnité forfaitaire et une parcelle de 120 m² gratuite à mettre en valeur.

L'opération a été jugée satisfaisante par les principales parties prenantes (État, collectivité locale, bailleur, opérateurs et habitants) car elle a touché sa cible et s'est déroulée dans un climat de quiétude sociale. Les parcelles attribuées ont rapidement été mises en valeur. Le quartier d'origine et les zones de réinstallation sont aujourd'hui intégrés au tissu urbain. Cette opération a aidé les habitants à se constituer un patrimoine foncier ou à le développer [132]. Au Maroc depuis les années 1980, les autorités sont intervenues avec détermination pour éradiquer les bidonvilles par des opérations d'amélioration, la construction d'appartements et la mise à disposition de terrains viabilisés.

En 2003, le gouvernement marocain a adopté une nouvelle stratégie qui donne au secteur privé un rôle plus[133] important dans la fourniture de logements bon marché, ainsi que des dispositifs financiers destinés aux ménages à revenus faibles et sans accès au crédit-logement. Cela s'est concrétisé en 2004, par la mise en place d'un programme de résorption des bidonvilles dénommé « villes sans bidonville ». Elle a consisté à reloger près de 8 400 familles de deux des plus grands et des plus anciens bidonvilles Thomas et Skouila de Casablanca[134].

Cette opération combinait la réinstallation sur place d'une partie des familles et le déplacement d'une autre partie sur un « pôle urbain intégré », Essalam Al Loghlam, situé en périphérie Est de la ville. Les familles déplacées étaient constituées en binômes et accédaient à un lot subventionné où elles devaient financer la construction d'un immeuble de quatre étages. Un dispositif impliquant un « tiers associé » a été mis en place. L'accompagnement social devait « faciliter le déroulement des opérations ainsi que l'adhésion des populations cibles ».

---

[132] ONU-Habitat, 2010b

[133] Vincent ZOMA et Nadaogo NAKANABO, *Op Cit*, p.54

[134] S. BENSAID, 2010

Le quartier, excentré par rapport à la ville, a pris forme et s'intègre progressivement au tissu urbain (J. Tellier, 2008). En Afrique de l'Ouest, A. Mansion et V. Rachmuhl (2012) ont souligné dans leur étude que les autorités sénégalaises ont lancé avec l'appui de la Banque mondiale un programme de réalisation d'une autoroute à péage, infrastructure de portée nationale visant à dynamiser le pôle économique de Dakar en 2005. Sa construction a nécessité la démolition d'une partie du quartier irrégulier de Pikine de Dakar.

Parmi les mesures de compensation du programme autoroutier, le gouvernement a entrepris un programme de réhabilitation et de restructuration du quartier irrégulier concerné. Celui-ci a visé la réorganisation spatiale de cette zone, le développement de ses infrastructures urbaines et la sécurisation foncière des populations résidentes. Dans la zone à restructurer, environ 1 000 concessions ont été touchées par le projet. Parmi celles-ci, 47 % (environ 7 000 personnes) sont restées sur place et 53 % (environ 8 000 personnes) ont été déplacées dans le site d'accueil. Les populations concernées ont bénéficié de 192 000 logements ainsi que des équipements socio-collectifs.

Les familles restées sur place ont été accompagnées par des Groupements d'Intérêt Economique (GIE) pour faire une[135] demande de régularisation. Les familles déplacées ont bénéficié d'une indemnisation en nature (relogement dans une maison construite sur le site d'accueil) ou en espèce. Les principales limites sur le plan opérationnel de ces différents projets d'amélioration des habitats informels se situent dans l'exclusion des locataires, la réinstallation de nombreuses familles dans des zones enclavées et sous-équipées et la faiblesse de l'accompagnement post-opérationnel.

En déplaçant un peu plus d'une famille sur deux et en créant de nouveaux quartiers, cette opération a généré des coûts socioéconomiques (éclatement des familles et des liens

---

[135] Vincent ZOMA et Nadaogo NAKANABO, *Op Cit*, p.55

sociaux, éloignement des zones d'emploi et de sociabilité), financiers (indemnisations, équipement de plusieurs zones de relogement) et urbains (étalement et gestion des nouveaux quartiers)[136].

Ainsi donc, la problématique de la résorption de l'habitat informel constitue un enjeu majeur dans la gouvernance urbaine. Ayant pris conscience de la nécessité d'intégrer l'amélioration des habitats informels dans les politiques urbaines, plusieurs pays africains avec l'appui de certains bailleurs de fonds ont décidé d'intervenir dans les quartiers spontanés sous différentes approches.

Ces opérations sont caractérisées par une restructuration des bidonvilles existants avec la sécurisation de l'occupation résidentielle et l'amélioration de l'accès aux services de base ainsi que la planification des extensions urbaines et l'équipement des terrains avec les infrastructures adéquates à l'échelle de la croissance des villes. Ces interventions ont eu des résultats intéressants dans certaines villes du continent. Par contre ils furent mitigés dans d'autres pays du fait l'inadéquation et le manque de cohérence dans la stratégie d'intervention[137]. Que dire des mécanismes de contrôles au niveau régional ?

Section 3. Les mécanismes de contrôle au niveau régional

Il n'y a qu'un seul mécanisme de contrôle judiciaire disponible au niveau régional en cas de violation du droit au logement : la Cour et la commission africaine des droits de l'homme et des peuples. Tous les autres mécanismes de contrôle disponibles sont soit des mécanismes de contrôle quasi-judiciaires, soit des mécanismes de contrôle judiciaires devant lesquels il faut invoquer les droits civils et politiques pour protéger partiellement le droit au logement.

---

136 A. MANSION et V. RACHMUHL, 2012

137 *Idem*, p. 56

§1. La Cour africaine des droits de l'homme

La Cour africaine des droits de l'homme est le mécanisme le plus récemment créé de protection des droits de l'homme au niveau régional. Elle a été créée par l'adoption en 1998, par les Etats africains, du Protocole relatif à la Charte africaine des droits de l'homme et des peuples, portant création d'une *Cour africaine des droits de l'homme et des peuples.* Ce Protocole est entré en vigueur en janvier 2004 et la Cour africaine sera opérationnelle dès 2008[138].

La Cour africaine n'a encore été saisie d'aucune plainte, mais son rôle dans la protection du droit au logement sur le continent africain est potentiellement très important. Comme vu précédemment, le droit au logement est reconnu explicitement dans la Charte africaine des droits et du bien-être de l'enfant et dans le Protocole à la Charte africaine des droits de l'homme et des peuples relatif aux droits des femmes (voir la première partie). Les victimes de violations du droit au logement pourront donc saisir la Cour africaine et demander réparation et compensation. Pour cela, il faudra s'assurer cependant que l'Etat africain coupable de la violation est un Etat partie au Protocole[139].

Le Protocole à la Charte africaine met une deuxième condition à cette possibilité : les victimes de violations du droit au logement devront avoir épuisé les voies de recours internes, c'est-à-dire qu'elles devront avoir essayé de revendiquer leur droit, sans succès, devant les mécanismes judiciaires nationaux de contrôle du droit au logement (voir ci-dessus). Dans la plupart des pays, ces mécanismes de contrôle judiciaires sont inexistants

---

[138] Les membres de cette Cour ont déjà été désignés et cette dernière a tenu plusieurs réunions pour sa mise en place. Le siège de la Cour sera installé prochainement à Arusha (Tanzanie).

[139] Voir la liste de ces Etats sur le site internet suivant : http://www.africaunion.org/root/au/Documents/Treaties/treaties_fr.htm

ou paralysés pour diverses raisons. Les victimes pourront donc se retourner vers la Cour africaine des droits de l'homme et des peuples.

Il est trop tôt pour dire si ce mécanisme sera d'une grande aide pour les victimes de violations du droit au logement, mais l'expérience de la Commission africaine des droits de l'homme et des peuples peut donner un espoir, si la Cour suit dans le futur les orientations prises par la Commission (voir ci-dessous). Que dire de la commission africaine des droits de l'homme et des peuples ?

§2. La Commission africaine des droits de l'homme et des peuples

La Commission africaine des droits de l'homme et des peuples est chargée de surveiller le respect des traités africains de protection des droits de l'homme, parmi lesquels la Charte africaine des droits de l'homme et des peuples, la Charte africaine des droits et du bien-être de l'enfant et le Protocole à la Charte africaine des droits de l'homme et des peuples relatif aux droits des femmes. Tous les Etats parties à ces traités doivent présenter des rapports à la Commission sur les mesures qu'ils ont prises pour réaliser le droit au logement de leur population.

La Commission africaine peut aussi recevoir des réclamations d'individus ou d'ONG dans des cas de violations de l'un des droits protégés par la Charte africaine des droits de l'homme et des peuples, ce qui comprend le droit au logement. Dans les cas de violation du droit au logement, la Commission africaine rédige un rapport et adresse ses recommandations à l'Etat. La grande faiblesse de ce mécanisme réside dans le fait que ses recommandations ne sont pas contraignantes pour les Etats parties (d'où la création de la Cour africaine des droits de l'homme, voir ci-dessus). Mais ses grandes forces sont que la Commission est relativement facilement accessible, par les individus et les ONG, que son mandat inclut la protection de tous les droits de l'homme et que la saisine de cette instance, selon les cas, met une certaine pression sur l'Etat concerné pour un meilleur respect des droits humains.

Au Nigéria, Dans un cas, en 2001, la Commission africaine des droits de l'homme et des peuples a été saisie par deux ONG pour la violation du droit au logement et du droit à l'alimentation au Nigeria. Une ONG nigériane (le Centre d'action sur les droits économiques et sociaux) et une ONG américaine (le Centre pour les droits économiques et sociaux) ont porté plainte auprès de la Commission africaine pour défendre un peuple, le peuple Ogoni, contre la société pétrolière nationale et la compagnie transnationale Shell. Les deux sociétés pétrolières, avec la complicité active du gouvernement, détruisaient en toute impunité les terres, les logements et les ressources en eau du peuple Ogoni.

Dans ce cas et pour la première fois, la Commission africaine a conclu que le gouvernement du Nigeria avait l'obligation de respecter et de protéger le droit au logement du peuple Ogoni, y compris contre l'activité des entreprises pétrolières, nationales ou transnationales. Pour la Commission : « chaque personne a droit à un certain degré de sécurité qui garantit la protection légale contre l'expulsion, le harcèlement ou autres menaces ». Cette affaire a été suivie par de nombreuses ONG, nationales et internationales, et une importante campagne médiatique a obligé Shell à quitter la région où vivent les Ogonis, ce qui démontre que les mécanismes de contrôle du droit au logement au niveau régional peuvent avoir un impact important dans des cas concrets140. Le dernier chapitre porte sur l'étude du mécanisme de protection et de promotion du droit au logement en République Démocratique du Congo.

---

[140] Source : Commission africaine des droits de l'homme et des peuples, 155/96 The Social and Economic Rights .www1.umn.edu/humanrts/africa/comcases/155-96b.html Cf. également E/CN.4/2004/48, daté du 11 février 2004.

Chapitre 4

Mécanisme de protection et de promotion du droit au logement en République Démocratique du Congo

Ce chapitre est l'étude du mécanisme de protection et de promotion du droit au logement en République Démocratique du Congo.

En signant les traités internationaux sur des droits de l'homme, chaque pays s'engage souverainement et indépendamment à prendre des mesures pour protéger les droits humains inscrits dans leurs constitutions. En effet, le mécanisme de protection du droit au logement se cristallise par la loi n°15/025 du 31 décembre 2015 relative aux baux à loyer non professionnels et certains actes réglementaires et par le décret n°18/033 du 18 novembre 2018 instituant le Fonds national d'Habitat.

Dans ce chapitre, nous allons voir la loi qui protège le droit au logement pour son amélioration (Section 1). Comme il s'agit du droit au logement qui suppose la signature d'un contrat, nous allons voir les parties intervenant dans ce droit fondamental (Section 2). Et enfin la dernière section aborde le plan d'action du Fonhab (Section 3).

Section 1 : Protection du droit au logement en RDC

Dans cette section, il est question de parler des points saillants de la loi de 2015 qui ont permis l'amélioration dudit droit sur l'entendue du territoire. Par conséquent, nous commençons par la garantie locative, en cas de violation, les sanctions qui en découlent (§1) et les règlements de différends applicables au logement (§2).

§1 : Garantie locative et ses sanctions

En effet, Il sied de noter qu'il y a plusieurs sortes de bail[141] mais dans le cadre de ce travail, nous nous basons seulement sur deux baux à savoir : le bail résidentiel et le bail socioculturel.

Aux termes de l'article 2 de la loi de 2015, Le bail résidentiel est entendu comme un contrat qui porte sur une maison, une villa ou un appartement à usage d'habitation ainsi que ses dépendances[142], alors que le bail socioculturel est également un contrat dans lequel une association sans but lucratif ou un établissement d'utilité publique est « preneur ». La même loi a fixé la garantie mensuelle pour chaque catégorie de bail.

A. Fixation de la garantie locative

La garantie locative est une somme d'argent versée par le preneur auprès du bailleur pour prévenir son insolvabilité ou les dégradations du bien loué[143].

En droit français, la notion de garantie est très développée dans le code de la construction et de l'habitation. Alors que le droit congolais parle de la somme d'argent versée par le preneur auprès du bailleur pour prévenir son insolvabilité, le droit français parle de fonds de garantie pour la rénovation énergétique (L.312-7), caisse de garantie du logement locatif social et redressement des organismes (L.452-1 – L.453-7), la

---

[141] A titre illustratif, il y a le bail à cheptel, le bail à colonat partiaire, le bail à complant, le bail à construction, le bail à domaine congéable, bail à ferme etc.

[142] Par dépendances, il faut entendre ; les autres parties de l'immeuble qui lui sont rattachées et qui sont concernées par la location principale, notamment les garages, annexes, entrepôts, dépôts.

[143] S. GUINCHARD, *Lexique des termes juridiques*, 25e édition Dalloz, Paris, 2017-2018.

garantie des opérations d'accession sociale à la propriété (L.453-1 – L.453-3).

Aux termes de l'article 18 de la loi de 2015, Lorsque le bail est signé, le preneur verse une garantie locative entre les mains du bailleur ou de son mandataire.

En aucun cas, la garantie locative ne peut excéder une somme équivalent à :

- Trois mois de loyer pour le bail résidentiel ;
- Six mois de loyer pour le bail socioculturel.

Ainsi, le professeur Mulumba estime que cet article a été pris en vue d'épargner les locataires des abus découlant de la spéculation des bailleurs indélicats, lesquels profitent de la pénurie de logement dans la ville de Kinshasa pour exiger plusieurs mois de garantie locative[144].

Elle ne peut être réajustée en cours de bail, ni produire des intérêts ni être affectée au paiement du loyer. A ce stade, la garantie joue son véritable rôle de caution en vue de rassurer effectivement le bailleur du paiement de son loyer dans toutes les circonstances, même aléatoires. Elle doit être libre de tout esprit de lucre[145].

L'acte réglementaire du 11 décembre 2018 ajoute un élément très important à son article 10 : un mois de loyer supplémentaire est consenti à l'agence immobilière ou au courtier ayant assuré l'intermédiaire entre parties en bail[146].

Ainsi, La garantie locative est restituée, selon le cas, à la fin du bail au moment de la libération des lieux loués par le preneur, déduction faite de toutes sommes dues au bailleur. Il est

---

[144] M. KATCHY, *Les contrats spéciaux*, Première édition CREFIDA, Kinshasa, 2015, p. 114

[145] *Idem*, p. 115

[146] Arrêté ministériel n°52/CAB/MIN-UH/2018 portant instauration d'un contrat de bail type en République démocratique du Congo (J.O.RDC., 1er février 2019, n°3, col.79)

interdit au bailleur de percevoir la garantie locative d'un tiers, tant que le contrat en cours n'est pas arrivé à terme (art 20).

Eu égard aux modalités de paiement du loyer, conformément aux articles 21 et 22, Le loyer est fixé librement par les parties. Il est payé en monnaie ayant cours légal en République Démocratique du Congo. Il est payé en espèces ou par voie bancaire selon les modalités convenues entre parties. Il est interdit au bailleur d'exiger le paiement anticipatif du loyer. Un phénomène qui est fréquent en République démocratique du Congo. Il y a aussi des sanctions à évoquer.

B. Sanctions découlant en cas de violation

Dans le souci de protéger le droit au logement, le législateur a réprimé certaines pratiques qui entravent ce dit droit en sanctionnant sur le plan pénal et civil. Les articles 39 à 45 de la loi de 2015 sont le siège de la matière.

- Premièrement, La loi punit d'un à trois mois de servitude pénale principale et d'une amende allant de trois à six mois de loyer ou d'une de ces peines seulement. Tout bailleur qui aurait perçu une garantie locative supérieure de trois mois pour le bail résidentiel et six mois pour le bail socioculturel.
- Il s'agit du bailleur qui ne respecte pas le délai de préavis prévu dans l'article 30[147] de ladite loi, ce dernier est puni de un à trois mois de servitude pénale principale et d'une amende allant de trois à six mois de loyer ou d'une de ces peines seulement.
- Le défaut d'enregistrement du contrat de bail ou de son avenant dans le délai prévu dans l'article 3[148] de ladite

[147] L'article 30 de la loi n°15/025 du 31 décembre 2015 relative aux baux à loyer non professionnels dispose : Sans préjudice des dispositions de l'article 28 ci-dessus, tout contrat de bail à durée indéterminée ne peut être résilié qu'après un préavis de : 1. trois mois pour le bail résidentiel ; 2. six mois pour le bail socioculturel.

[148] L'article 3 al2 de la même loi dispose ce qui suit : Dans les trente jours de sa conclusion ou en cas d'avenant, les parties au bail ou, le cas

loi, entraine un payement hormis le frais de payement, une pénalité équivalant à un mois de loyer à raison de la moitié par les parties.

- Il s'agit de l'agence immobilière qui n'a pas fait enregistrer délibérément le contrat dont elle a facilité la signature, celle-ci paie hormis le frais d'enregistrement, un mois de loyer.
- Sont punies d'une servitude pénale principale d'un à trois mois et d'une amende équivalant à un mois de loyer ou d'une de ces peines seulement. Les peines prévues à l'alinéa précédent s'appliquent également à tout agent qui aura procédé à l'enregistrement d'un tel contrat, les parties à un bail conclu en violation des articles 3, 5, 18, 22, 27 ou 32 de la loi.
- Toute personne qui occupe un immeuble d'autrui sans la permission préalable du propriétaire ou en dehors d'un contrat de bail[149], est punie de un an à deux ans de servitude pénale principale et d'une amende de 250.000 francs congolais ou d'une de ces peines seulement. Quel est le modèle de règlement de différend ?

§2. Mode de règlement de différend

Selon la loi, en matière de logement, il y a deux modes de règlement de différend qui sont ci-après : *la conciliation et le règlement judiciaire*.

A. Conciliation

La conciliation appelée « palabre » constitue l'expression d'une philosophie de vie sociale qui permet le règlement pacifique des conflits en société en faisant en sorte que chaque patriote ait la satisfaction morale et psychologique de vider la rancœur et la haine accumulée, de mélanger l'amour

échéant, l'agence immobilière, présentent, en trois exemplaires, le contrat ou toute modification pour enregistrement au service compétent.

149 Il s'agit en d'autres termes de l'infraction d'occupation illégale

propre des parties car il n'y a ni vainqueur ni vaincu et la paix sociale est rétablie[150].

Aux termes de l'article 34 de la loi, Tout différend entre le bailleur et le preneur est réglé à l'amiable. En cas de désaccord, la partie lésée peut saisir le service compétent du ressort qui siège dans les soixante-douze heures qui suivent sa saisine.

La saisine du service compétent ne commence qu'après mise en demeure de quinze jours pour le bail résidentiel et de deux mois pour le bail socioculturel. En cas d'accord, ce service compétent établit un procès-verbal de conciliation. En cas d'échec, il dresse un procès-verbal de non conciliation qui permettra à la partie la plus diligente de saisir le tribunal compétent. Que dire du règlement judicaire ?

B. Règlement judiciaire

Le législateur congolais n'a pas défini ce concept. Alors que le droit français définit le règlement judiciaire comme étant une procédure collective du droit commercial qui a pris le nom de « redressement judiciaire »[151]. Dans le cas d'espèces, il est préférable de prendre la définition du Professeur Gérard CORNU qui définit le règlement judiciaire plus vaguement comme une action de résoudre une affaire ou d'apporter une solution à un problème[152].

En effet, Les litiges entre bailleur et preneur ne sont pas recevables devant les tribunaux en général et devant le tribunal de paix s'ils n'ont pas été préalablement soumis à la procédure de conciliation se cristallisant par un PV de non

---

[150] L. LUZOLO BAMBI, *Cours de procédure civile,* inédit UNIKIN, Kinshasa, 2015, p.11

[151]Les dispositions de la loi 2005-845 du 26 juillet 2005 devenu applicable le 1er Janvier 2005 a placé de nouvelles règles dans le livre VI « des difficultés des entreprises » *Code de commerce français* (Art. L631-1 et S)

[152] G. CORNU, *Vocabulaire juridique,* Ed. PUF, Paris, 2018.p.1868

conciliation devant le service de l'habitat, à l'initiative de l'une des parties.

Les litiges prévus à l'article 36 de ladite loi sont portés devant le tribunal compétent dans les six mois à dater de l'établissement du procès-verbal de non conciliation. La juridiction saisie statue à bref délai. La décision rendue en matière de libération des lieux est exécutoire nonobstant tout recours. Le preneur est tenu de payer le loyer et charges pendant la période du règlement des différends. Qui sont les acteurs du droit au logement ?

Section 2 : Les acteurs du droit au logement

Le bail est défini ci-haut comme étant un contrat, nous savons tous que celui-ci, une fois signé, fait naitre des obligations et devoirs entre les parties. Avant d'aller plus loin, nous allons voir les caractéristiques du contrat de bail (§1), par après, les obligations qui naissent au bail (§2). En droit congolais, il y a deux parties principales au droit du logement qui sont ci-après : le bailleur et le preneur ou locataire.

§1. Caractéristiques du contrat de bail

Selon Cornu, le bailleur est défini comme une personne qui donne à bail le bien immeuble ou meuble dont elle est propriétaire. Et quant au preneur, il est entendu comme un bénéficiaire du contrat de location-attribution, occupant d'un local accédant à la propriété[153].

A. Caractères du bail

En droit civil, le bail est une variété de louage de choses. Il désigne aussi l'acte instrumentaire qui constate ce contrat[154]. Aux termes de l'article 1709, « le louage des choses

---

[153]Idem.p.284

[154] S. GUINCHARD, *Lexique des termes juridiques*, *Op Cit*.p.258

est un contrat par lequel l'une des parties s'oblige à faire jouir l'autre d'une chose pendant un certain temps, et moyennant un certain prix que celle-ci s'oblige à lui payer »[155]. Alors que le Code civil congolais LIII parle de la convenance de la chose et du prix[156].

Cependant, deux éléments caractérisent : la jouissance à laquelle s'oblige le bailleur, c'est-à-dire le droit personnel de jouissance conféré au preneur ; le loyer que celui-ci s'oblige à payer en contrepartie. Ils permettent surtout le premier, de distinguer le bail d'autres contrats ou de situations juridiques. J'évoque le droit de jouissance et le droit personnel.

1. Droit de Jouissance

Le bailleur « s'oblige à faire jouir l'autre partie d'une chose pendant un certain temps » comme beaucoup d'autres contrats relatifs à une chose (vente, dépôt...) ou comme l'usufruit, le bail permet au preneur d'appréhender matériellement une chose.

Titulaire d'un droit exclusif de jouissance, le preneur peut user de la chose et en percevoir les fruits ; mais non en altérer la substance : temporaire, le droit de jouissance l'oblige à restituer à l'expiration du contrat. Le bail se distingue ainsi de la vente, du dépôt, et du contrat d'entreprise[157]. La distinction entre le bail et la vente parait nette : La vente transfère un droit réel, généralement de propriété, de manière définitive et instantanée, alors que le bail ne confère qu'un droit de jouissance temporaire[158].

---

[155] Article 1709 du code civil français

[156] Article 374 du code civil congolais LIII dispose que le louage n'est soumis à aucune condition de forme. Il est parfait entre les parties dès qu'elles sont convenues de la chose et du prix. L'acte qui en est dressé ne sert que de preuve littérale. Les règles générales sur les preuves s'appliquent au louage.

[157] P. MALAURIE, L. AYNÈS, P. YVES GAUTIER, *Droit des contrats spéciaux*, 8e édition LGDJ, Paris, 2016, p. 363

[158] *Idem*, p. 364

L'obligation de garde et de restitution caractérise le dépôt. En principe, rien ne permet de rapprocher la situation du preneur à bail ou du bailleur de celle du déposant, et, a fortiori, du dépositaire ; s'ils doivent l'un et l'autre restituer cette obligation est principale dans le dépôt, secondaire dans le bail.

La différence entre le bail et le contrat d'entreprise est aussi nette : le bailleur ne s'oblige qu'à permettre la jouissance du locataire, et le preneur, à payer un loyer, alors que le contrat d'entreprise oblige l'entrepreneur à faire quelque chose pour le maitre d'ouvrage[159], (art. 1710)[160]. Que retenir du droit personnel ?

2. Droit personnel

Vaine controverse ; selon les articles 1709 et 1719, la jouissance du preneur est due par le bailleur ; le preneur est donc titulaire d'un droit de créance. A quoi s'était opposée une controverse fameuse au XIXe siècle, revivifiée à notre époque en raison de l'éclosion de statuts spéciaux protecteurs : statut du fermage, baux commerciaux et baux d'habitation ; elle opposait les tenants du caractère réel du droit du preneur à ceux du caractère personnel.

L'opposabilité de son droit à l'acquéreur de l'immeuble et à un preneur postérieur, le droit de renouvellement lui donnant vocation à la perpétuité, précisément baptisé « propriété » commerciale ou culturale, en auraient fait un *jus in re,* pas seulement un *jus ad rem*. L'enjeu de la controverse est plus théorique que pratique ; la plupart des conséquences de la qualification font l'objet de dispositions spéciales : opposabilité du bail, publicité des baux de longue

---

[159] P. MALAURIE, L. AYNÈS, P. YVES GAUTIER, *Droit des contrats spéciaux*, *Op Cit*, p.365

[160] Art. 1710 du code civil français dispose que le louage d'ouvrage est un contrat par lequel l'une des parties s'engage à faire quelque chose pour l'autre, moyennant un prix convenu entre elles.

durée, protection possessoire, compétence juridictionnelle, sort du bail entre époux ou dans la communauté légale.

La cour de Strasbourg considère donc un bail de très longue durée comme un bien et fait bénéficier le preneur de la protection du droit de propriété assurée par la convention EDH[161]. La discussion révèle la relativité des catégories de droit réel et de droit personnel : un droit est plus ou moins personnel ou réel. Alors que depuis longtemps la jurisprudence affirme le caractère personnel du droit de preneur, elle applique au conflit entre deux preneurs successifs des règles propres au conflit des droits réels.

Les prérogatives importantes que confèrent aux preneurs les statuts spéciaux tendent, comme au XIVe siècle, à lentement reconstituer « un domaine utile » au profit du preneur et à ne laisser au bailleur que le « domaine éminent »[162].

Les pages suivantes portent sur les obligations et les droits des parties au bail.

§2. Les obligations et droits des parties au bail

Les obligations des parties sont établies non seulement dans le code civil congolais LIII mais aussi dans la loi n°15/025 du 31 décembre 2015 relative aux baux à loyer non professionnels. Il y a les obligations du bailleur et celles du preneur ainsi que ses droits.

---

[161]CEDH, le 16 novembre 2004, Buncrona c/Finlande, RDC 2005.467, A.DEBET : « un bail d'une durée de trois cents ans confère au preneur un intérêt patrimonial entrant dans la catégorie des baux qui constituent un bien au sens de l'article 1 protocole 1° » ; en l'espèce, la couronne finlandaise avait, au XVIIIe siècle, consenti des droits d'une durée de trois cents ans aux ancêtres de la famille Bruncrona portant sur des îles et de vastes espèces aquatiques ; en 1998, le service des eaux et forêts de la République finlandaise ordonna à la famille Bruncrona d'évacuer les lieux. Condamnation de la Finlande.

[162] P. MALAURIE, L. AYNÈS, P. YVES GAUTIER, *Droit des contrats spéciaux*, *Op, Cit.* p.368

A. Les obligations du bailleur

Aux termes de l'article 376 du CCC L III, Le bailleur est obligé par la nature du contrat, et sans qu'il soit besoin d'aucune stipulation particulière : 1° De délivrer au premier le logement loué ; 2° D'entretenir ce logement en état de servir à l'usage pour lequel il a été loué ; 3°D'en faire jouir paisiblement le preneur pendant la durée du contrat du bail.

1. La délivrance

A l'instar du vendeur, le bailleur doit permettre au preneur de pouvoir rendre la livraison de la chose. Pour ce faire, il est tenu de délivrer la chose en bon état des réparations de toute espèce. La délivrance de la chose est donc la première étape de l'exécution du contrat par le bailleur. L'article 377 alinéa 1er CCCL III dispose que : « le bailleur est tenu de délivrer la chose en bon état des réparations de toute espèce ». C'est pourquoi aussi l'article 11 de la loi du 31 décembre 2015 interdit au bailleur, dans un espace commun, de donner à bail des immeubles ayant des destinations incompatibles, susceptibles de causer préjudice aux différents preneurs.

En imposant cette obligation au bailleur, sous-entend que le preneur peut, en cas d'inexécution, demander soit l'exécution forcée si le bailleur s'y refuse ou diffère la délivrance lorsque celle-ci est encore possible, soit l'allocation des dommages et intérêts si le bailleur est en retard fautif de délivrer, voire la résolution du bail sur pied de l'article 82 CCCL III avec dommages et intérêts. Lorsque le bailleur, par sa faute, s'est mis dans l'impossibilité matérielle de délivrer la chose louée. Le bailleur doit garantir l'assurance d'une jouissance paisible de la chose.

2. L'assurance d'une jouissance paisible de la chose

Cette obligation découle de l'article 380 CCCL III qui stipule que : « le bailleur ne peut, pendant la durée du bail, changer la forme de la chose louée ». Par cela, le législateur impose au bailleur de conserver la destination de la chose louée pendant le bail afin que la chose louée puisse servir à l'usage pour lequel le preneur s'est engagé en acceptant le bail.

Dans le cadre de cette obligation de jouissance, le bailleur doit garantir le preneur contre toute éviction de l'usage de la chose. A cet effet, il doit garantir les troubles de fait et de droit émanant de sa part, notamment en s'abstenant personnellement de poser tout acte de nature à priver le preneur de la jouissance de la chose louée.

Ainsi, par exemple, il ne pourra pas donner à bail la chose louée à une autre personne, il ne peut pas changer sa forme matérielle en cours de bail sauf lorsqu'il s'agit des réparations demandées par le preneur. De même, il doit g garantir de troubles de tiers, en particulier les troubles de droit c'est-à-dire le locataire qui est troublé dans sa[163] jouissance par une action concernant la propriété du bien, a le droit à une diminution proportionnée sur le prix du bail à louer pourvu que les troubles et l'empêchement aient été dénoncés au propriétaire. Il y a aussi l'obligation d'entretien de la chose.

3. Obligation d'entretien de la chose

Elle est le prolongement de l'obligation de délivrer une chose en bon état. Cette obligation vise à conserver le bien en l'état de donner satisfaction au preneur. Elle est matérialisée par le devoir qui incombe au bailleur de faire, pendant toute la durée du bail, toutes les réparations qui peuvent devenir nécessaire, autres que locatives (article 377 alinéa 2 CCCL III).

Le preneur a la possibilité d'assurer ces réparations avec le consentement du bailleur et de défalquer le montant correspondant sur le loyer. Toutes améliorations effectuées avec l'accord du bailleur constituent des dépenses remboursables. Cette obligation d'entretien implique la garantie contre les vices cachés de la chose louée (l'article 378 CCCL III dispose que : « il est dû garantie au preneur pour tous les vices ou défauts de la

---

[163] E. KOLONGELE, *Droit des contrats spéciaux,* Support de cours inédit, UNIKIN 2013, p.29

chose louée qui en empêche l'usage, quand même le bailleur ne les aurait pas connus lors du bail.

S'il résulte de ces vices ou défauts quelque perte pour le preneur, le bailleur est tenu de l'indemniser ») et l'obligation de réparer les dommages causés par la chose (l'article 389 CCCL III dispose que : « il répond des dégradations ou des pertes qui arrivent pendant sa jouissance, à moins qu'il ne prouve qu'elles ont eu lieu sans sa faute »). En vertu de l'article 11 de la loi de 2015, Le bailleur est tenu aux obligations ci-après : 1° payer sa quote-part des factures d'eau, d'électricité, de téléphone et/ou autres, en cas de cohabitation avec un ou plusieurs preneurs ; 2°supporter les impôts et taxes qui sont à charge des lieux loués. Il lui est interdit de les répartir sur les preneurs ; 3°ne pas changer, pendant la durée du bail, la destination de la chose louée, sauf accord exprès de deux parties ;4°rembourser la garantie locative à la fin du bail[164].

Le bailleur qui veut ventre le bien loué, il doit en informer le preneur pour que celui-ci puisse user de son droit de préemption. En cas de refus ou de silence du preneur, dans les quinze jours, le bailleur est libre de vendre son bien à toute personne de son choix[165]. Que retenir des obligations et du droit du preneur ?

B. Les obligations et droits du preneur

Conformément à l'article 385 du CCC LIII, Le preneur est tenu de deux obligations principales : 1°D'user de la

---

[164] Article 11 de la loi n°15/025 du 31 décembre 2015 relative aux baux à loyer non professionnels

[165] Selon le professeur Cornu, la préemption est un nom traditionnellement donné à la faculté conférée par la loi ou par la convention à une personne(bénéficiaire d'une option) d'acquérir, de préférence à toute autre, un bien que son propriétaire se propose de céder, en se portant acquéreur de ce bien dans un délai donné, en général aux prix et conditions de la cession projetée (à lui préalablement notifiés) ; se ramène en ce sens au droit de préférence et se distingue du *retrait qui opère après conclusion du contrat.

chose louée en bon père de famille, et suivant la destination qui lui a été donnée par le bail, ou suivant celle présumée d'après les circonstances, à défaut de convention ; 2°De payer le prix du bail aux termes modalités convenus. Subsidiairement à ces obligations, le preneur est tenu de garantir la chose louée et la restituer au bailleur à la fin du bail. J'évoque enfin les condition de l'extinction du contrat de bail.

1. Les obligations relatives à la chose

Quatre types d'obligations liées à la chose pèsent sur le preneur : l'usage de la chose en bon père de famille, le respect de la destination de la choses louée et de la substance (conservation et restitution et enfin l'incendie de la chose.

a. L'usage de la chose en bon père de famille

Le législateur impose au preneur d'user la chose louée en bon père de famille c'est-à-dire avec prudence, diligence et sans abus. Le contrôle de ce comportement est opéré in abstracto c'est-à-dire par rapport à ce qu'on peut légitimement attendre de l'attitude d'un homme normal[166].

Dès lors n'userait pas la chose en bon père de famille, le preneur qui n'habiterait la maison louée, qui la dégraderait ou encore refuserait d'avertir ou omettrait d'avertir le propriétaire des réparations nécessaires, qui ne respecterait la destination de la chose.

La sanction contre un tel preneur pourrait être l'exécution en nature ou par équivalence(l'article 40 CCCL III dispose que : « toute obligation de faire ou de ne pas faire se résout en dommages et intérêts, en cas d'inexécution de la part du débiteur ») et la résiliation du bail (l'article 386 CCCL III dispose que : « si le preneur emploie la chose louée à un autre usage que celui auquel elle a été destinée, ou dont il puisse résulter un dommage pour le bailleur, celui-ci peut, suivant les

166 E. KOLONGELE, *Droit des contrats spéciaux, Op Cit.* p.30

circonstances, faire résilier le bail »). Il faut respecter la destination de la choses louée.

b. Le respect de la destination de la chose louée

Par principe, le locataire ne peut pas se servir de la chose louée pour un autre usage que celui qui a été contractuellement conclu par exemple un local pour l'habitation ne peut pas être affecté à un usage commercial ou agricole. Deux tempéraments surgissent en ce qui concerne les baux à usage mixte ou à usage accessoire, permettant au preneur à utiliser en partie les locaux à l'exercice d'autres activités.

Il peut être stipulé une clause de changement de destination du bien en cours de bail. En pareille hypothèse, s'applique l'article 33 CCCL III qui dispose : « les conventions légalement formées tiennent lieu de loi à ceux qui les ont faites. Elles ne peuvent être révoquées que de leur consentement mutuel ou pour les causes que la loi autorise. Elles doivent être exécutées de bonne foi »

Si le preneur emploie la chose louée à un autre usage à celui auquel elle a été destinée ou dont il puisse résulter un dommage pour le bailleur, celui-ci peut, suivant les circonstances, faire résilier le bail (article 386 CCCL III). Tout changement qu'un locataire désire apporter au lieu loué doit faire l'objet d'un accord exprès et écrit du bailleur. En effet, les impenses utiles apportées par le locataire à l'immeuble loué sans l'accord du bailleur ne donnent pas lieu à une indemnité et à remboursement sur la base de l'enrichissement sans cause. Il y a aussi le respect de la substance dont la conservation et la restitution.

c. Le respect de la substance : conservation et restitution

Le respect de la substance de la chose implique deux obligations:

- L'obligation de conserver la chose en état reçu au jour de la conclusion du bail. Par conséquent, les parties doivent procéder à un état de lieu au début et à la fin du bail. Aucun délai spécial n'étant prévu pour l'état de lieu, celui-ci peut toujours être sollicité tant qu'aucune circonstance spéciale n'a modifié la situation. S'il n'a été fait d'état des lieux, le preneur est présumé les avoir reçus en bon état des réparations locatives, et doit les rendre tels, sauf la preuve contraire (article 388 CCCL III)[167]. Par ailleurs, le simple fait de la prise de possession de l'immeuble sans protestation constituera une dérogation tacite à l'obligation de faire l'état des lieux et à celle de remettre la chose en bon état locatif si les réclamations du preneur ne surviennent qu'après un long temps.

- L'obligation de restitution. Aux termes de l'article 387 CCCL III qui dispose que : « s'il a été fait un état des lieux entre le bailleur et le preneur, celui-ci doit rendre la chose telle qu'il l'a reçue, suivant cet état, excepté ce qui a péri ou a été dégradé par vétusté ou force majeure ». En effet, l'obligation d'user la chose en bon père de famille implique entre autre que le preneur est tenu de remettre ce bien en l'état sans léser le bailleur qui l'avait livré. Aussi, le locataire est tenu de certaines dégradations dont il est d'ailleurs présumé responsable. Cette obligation ne le rend pas pour autant responsable de la vétusté de la chose c'est-à-dire de son usage normal. En cas des dégradations ou des pertes qui arrivent pendant sa jouissance, le preneur peut se dégager de sa responsabilité en prouvant qu'elles ont eu lieu sans sa faute (article 389 CCCL III). Que dire de l'incendie de la chose ?

d. L'incendie de la chose

Le législateur congolais fait peser à charge du locataire une lourde responsabilité en cas d'incendie. En effet, l'article 390 CCCL III dispose que : « il répond de l'incendie, à moins qu'il ne prouve que l'incendie est arrivé par cas fortuit ou force majeure, ou par vice de construction ; ou que le feu a été

[167] E. KOLONGELE, *Droit des contrats spéciaux*, *Op Cit,* p.31

communiqué par une maison voisine ». Comme on le voit, une telle responsabilité est fondée sur l'obligation de restituer la chose, s'il y a plusieurs locataires, la responsabilité est en principe solidaire en cas d'incendie à moins de prouver que l'incendie a commencé par tel locataire.

Le législateur congolais impose au preneur de garnir la chose louée c'est-à-dire dans les baux à loyer, le locataire qui ne garnit pas la maison des meubles meublant suffisants, peut être expulsé à moins qu'il ne donne des sûretés capables de répondre du loyer (article 408 CCCL III). Dans les beaux à ferme, si le preneur d'un héritage rural ne le garnit pas des bestiaux et ustensiles nécessaires à son exploitation, s'il a abandonné la culture s'il ne cultive pas en bon père de famille, s'il emploie la chose louée en autre usage que celui pour lequel elle a été destinée... Le bailleur peut, suivant les circonstances, résilier le bail avec possibilité des dommages et intérêts (article 417 CCCL). Il y a une obligation de payer le loyer.

2. Obligation de payer le prix du bail

Le prix du bail est un élément essentiel du contrat de bail car c'est en contrepartie de la mise en jouissance du bien. Le prix est en principe librement fixé par les parties, celles-ci doivent fixer de commun accord les modalités de paiement, le lieu et les époques du paiement. A défaut d'accord, il faut se référer aux usages des lieux (l'article 145 CCCL III dispose que : « le paiement doit être exécuté dans le lieu désigné par la convention. Si le [168] lieu n'y est pas désigné, le paiement, lorsqu'il s'agit d'un corps certain et déterminé, doit être fait dans le lieu où était au temps de l'obligation, la chose qui en fait l'objet ».

Les parties peuvent convenir de la révision du prix en recourant à certains indices par exemple la prise en compte la dévaluation de la monnaie servant le loyer, le coût de la construction, la plus-value apportée au bien loué (les améliorations du bien loué suite à la demande du locataire). La

---

[168] E. KOLONGELE, *Droit des contrats spéciaux, Op Cit*, p.32

preuve du paiement est à charge du locataire (article 197). En cas de défaut du paiement du loyer, le bailleur peut demander la résiliation du bail avec ou non des dommages et intérêts. Souvent, une clause résolutoire est insérée dans le contrat pour permettre au bailleur de mettre fin au contrat de bail unilatéralement en cas d'inexécution du paiement du loyer, et ce, sans recourir au juge. Mais le tribunal, tenant compte des circonstances de fait de la cause, peut, en cas de bonne foi du locataire, accorder des délais de grâce à ce dernier. Les parties peuvent convenir que le prix du bail se fera auprès d'un tiers[169].

Les obligations du preneur ayant été décortiquées, nous allons parler de modes d'extinction du contrat du bail (1) et pour boucler la boucle, nous allons faire les suggestions (2).

1. De L'extinction du contrat de bail

En règle générale, les obligations s'éteignent par le paiement, par la novation, par la remise volontaire, par la compensation, par la perte de la chose, par la nullité ou la rescision, par l'effet de la condition résolutoire, et par la prescription[170].

Le siège de la matière se trouve dans le code civil livre III tel que modifié à ce jour, dans ses articles 393 Jusqu'au 400. Il peut s'agir de l'expiration du terme fixé, de la résiliation de commun accord ou unilatérale, de a perte de la chose louée.

a. Expiration du terme fixé

Ainsi, le bail finit de plein droit par l'expiration du temps pour lequel il a été contracté sans qu'il soit nécessaire de donner congé. Si le bail a été fait sans durée fixe, il ne finit que

[169] *Idem*, p. 33

[170] N. OMANYONDO N'KOY, *Vade mecum de l'étudiant en Droit des obligations,* Support inédit G2-G3 Faculté de Droit, UPN, Kinshasa, 2021, p. 148

par le congé que l'une des parties donne à l'autre, en observant les détails fixés par l'usage des lieux.

Si, à la fin des baux qui cessent de plein droit, le preneur reste et est laissé en possession, après l'expiration du terme conventionnel, légal ou coutumier, il s'opère un nouveau bail par le consentement tacite du preneur et du bailleur. Lorsqu'il y a un congé signifié, le preneur, quoiqu'il ait continué sa jouissance, ne peut invoquer la tacite reconduction. Lorsqu'il s'agit du terme fixé par les parties dans un acte écrit, le bail prend automatiquement fin à l'expiration de ce terme ; sans qu'il soit nécessaire de donner congé, on a, ici, affaire à un bail écrit à durée déterminée. On peut résilier un contrat de bail de commun accord.

b. Résiliation de commun accord

L'on applique ici les dispositions de l'article 33 du code civil congolais LIII, où est consacré le principe d'autonomie de la volonté : « les conventions légalement formées ne peuvent être révoquées que du consentement mutuel des parties ». La résiliation peut aussi être unilatérale.

c. Résiliation unilatérale

Lorsqu'il s'agit d'un bail écrit sans durée déterminée ou d'un bail verbal, la partie qui désire mettre fin au bail doit donner congé à l'autre partie.

Rappelons que le congé (préavis) est un acte unilatéral par lequel une partie informe l'autre de sa volonté de mettre fin au contrat ; il pourra être donné verbalement ou par écrit, la forme étant (exploit d'huissier, pli recommandé)[171]. J'évoque enfin la perte de la chose louée.

[171] M. KATCHY, *Les contrats spéciaux, Op Cit.* p. 131

d. Perte de la chose louée

Le contrat de louage se dissout par la perte de la chose louée, et par le défaut respectif du bailleur et du preneur de remplir leurs engagements. Ce contrat n'est point résolu par la mort du bailleur, ni par celle du locataire. Lorsque, pendant la durée du bail, la chose louée est détruite en totalité par cas fortuit, le bail est résilié de plein droit ; quand elle est détruite en partie, le preneur peut, suivant les circonstances, demander ou une diminution du prix, ou la résiliation même du bail. Enfin, le bail est également résilié de plein droit si la chose est expropriée pour cause d'utilité publique.

En revanche, on constate qu'il existe des faits qui n'entrainent pas la fin du bail. Parmi ces faits figurent la mort de l'une des parties, la clause résolutoire expresse, l'occupation par le bailleur du bien loué, la vente du bien loué, la faillite du preneur et l'anéantissement du droit de propriété du bailleur[172] Quel, est le plan d'action stratégique du FONHAB ?

Section 3. Plan d'action stratégique du FONHAB

Après la faillite de l'Office National de Logement en 1987, la RDC est restée plus de trente (30) ans sans un service public dédié à la construction de logements. Depuis 2018, le FONHAB est venu en substitution de l'ONL pour désormais accomplir en vertu à l'article 3 du décret instituant cet établissement public.

Cette section parle de la problématique du logement en RDC (1). Elle rappelle également les missions du FONHAB qui se résume à la promotion de construction de logements sociaux (2). Des conditions de réussite (3) et enfin quelques projets phare du FONHAB (4) et enfin les perspectives (5).

§1. Problématique du logement en RDC

---

[172]M. KATCHY, *Op Cit.* p. 132

La population congolaise estimée aujourd'hui à 95,9 millions d'habitants[173]est en progression, et cette croissance démographique emporte avec elle un certain nombre de maux qui bouleversent profondément les habitudes de vie aussi bien dans les villes que dans les villages.

Ainsi, les villes congolaises sont confrontées à un déficit criant en logement dont les besoins s'estimeraient à 7. 000.000 logements. Le FONHAB se propose d'aborder la question en finançant progressivement la construction de 17. 000 logements annuellement. C'est dans ce cadre que le pays s'est doté de Plans Urbains de Référence et de Plans Particuliers d'Aménagement notamment pour les villes de Bukavu, Goma, Kikwit et Matadi. Cependant, le besoin demeure le même pour les autres villes en matière d'outils de planification.

Les enjeux d'aménagement augurent de nombreuses opportunités à travers une meilleure planification de nouvelles configurations offrant des pôles de développement basée sur la gestion optimale des espaces, des ressources naturelles, des infrastructures, des équipements de base, en conformité avec les principes fondamentaux relatifs à la préservation de l'environnement. Tenant compte de ce qui précède, le FONHAB se dote d'un plan d'action stratégique 2023 avec comme objectif principal de résorber autant que faire se peut le déficit dans la construction des logements décents et à coût abordable ; La réalisation de ce plan pourrait s'étendre jusqu'en 2025. Quelles sont les missions du FONHAB ?

§2. Rappel des missions du FONHAB

Le FONHAB a pour mission principale de promouvoir la construction des logements sociaux.
A ce titre, il est chargé de :

- Collecter les fonds destinés au financement des activités dans le secteur de l'Habitat ;
- Financer la construction par l'Etat des logements à prix abordable chaque année ;

173 Rapport Banque Mondiale 2021

- Accorder des aides financières aux propriétaires pour la réalisation de travaux lourds ou d'amélioration de leurs habitats ;
- Promouvoir le Partenariat Public-Privé (PPP) dans le domaine de l'habitat ;
- Soutenir l'installation d'un guichet unique en vue de réduire les procédures administratives de l'obtention des documents ayant trait à l'Urbanisme et Habitat ;
- Faciliter la mise en place d'un réseau informatisé de communication entre les différentes administrations du secteur foncier ;
- Accompagner les coopératives et les mutuelles évoluant dans le secteur de l'Habitat en vue de fournir des logements à standing économique et très économiques ;
- Appuyer la vulgarisation des textes légaux et réglementaires en matière de l'habitat ;
- Accompagner les villes à se doter des instruments de planification
- Appuyer les producteurs de matériaux locaux de constructions et divers matériels ;
- Appuyer les promoteurs immobiliers du secteur privé.

Le plan d'action stratégique est un outil qui doit permettre au FONHAB d'assurer son fonctionnement et la réalisation de ses missions dont le principal est de « Promouvoir la construction des logements sociaux ».

Les actions qui sous-tendent cette mission sont les suivants, notamment :

- ✓ *La construction*
- ✓ *Le parachèvement*
- ✓ *La rénovation*
- ✓ *La réhabilitation du parc immobilier privé de l'État.*

Ce plan se structure autour de 2 piliers stratégiques, à savoir :

- *La mobilisation des ressources ;*
- *Le financement de l'habitat.*

A. Mobilisation des ressources

La réalisation de ce plan requiert la mobilisation des ressources adéquates, notamment :

- ✓ La dotation initiale et annuelle ;

L'appui des Partenaires Techniques et Financiers (ONU - HABITAT, PAM, BAD, OIM, CUSO INTERNATIONAL, ONU- FEMMES, UNICEF) ayant manifesté leurs intérêts par la signature d'une lettre d'intention, protocole d'accord et /ou acte d'engagement)

- ✓ Les Partenariats Publics et Privées (SMIRI IMMOBILIERS /TUNISIE, EPANAYO, LAMARGE, TOTONGA) ayant manifesté leurs intérêts à collaborer avec le FONHAB ;
- ✓ Titrisation des titres des propriétés comme garantie.

Cependant, tenant compte de la modicité des ressources budgétaires à nous allouer par l'Etat et des autres ressources hypothétiques, et face au besoin énorme pour répondre au déficit des logements, le FONHAB a impérativement besoin d'un fonds souverain en vue de faire face efficacement à ce besoin impérieux. Celui-ci est estimé à 540 000 000 USD pour une moyenne de 15 000 unités de logement par an. Il y a aussi la mission de financer l'habitat.

B. Le financement de l'habitat

Les populations congolaises sont confrontées à une crise liée au délabrement généralisé des tissus urbains de l'habitat, dans un contexte d'insuffisance d'infrastructures de desserte, des terrains lotis et viabilisés dans des zones excentrées des villes en permanente extension.

La difficulté d'accès au financement auprès des banques commerciales demeure un frein à la configuration des espaces habitables et confortables, et favorise l'auto-construction dans des terrains à risque. Le FONHAB reste le seul levier de l'Etat pour financer la construction des logements décents pour la population congolaise. Que dire des conditions de réussite ?

§4. Conditions de réussite

Le plan d'action stratégique du FONHAB qui sera complété par sa feuille de route et de son plan opérationnel pour sa mise en œuvre repose sur des conditions préalables et sine qua none que sont :

- ✓ Le respect par toutes les parties prenantes dans la mise en application effective de la vision de Son Excellence Monsieur le Président de République, Chef de l'État, qui a inspiré et nourri le Programme d'actions du Gouvernement de la République pour l'accès des congolais à un habitat décent et au coût abordable qui constitue l'un des engagements emblématiques de son quinquennat ;
- ✓ La mise à disposition effective et à temps des allocations budgétaires ;
- ✓ La volonté affichée des acteurs concernés et des parties prenantes du FONHAB de s'approprier le plan et de s'investir pour sa mise en œuvre ;
- ✓ La disponibilisation d'outils et documents de planification urbaine.

J'évoque certains projets phares du FONHAB.

§4. Quelques projets phare du FONHAB

N°	PROJETS	COÛTS	SOURCES DE FINANCEMENT
[redacted]			
I.1	Projet de 1200 maisons dans 12 villes de la RDC Services de base assainissement, voiries et drainages	44. 154 296,61	Trésor public
I.2	Projet de Sake II Construction de 100 unités de logements pour les sinistrés de la dernière éruption volcanique Services de base assainissement, voiries et drainages	692.760,00	Trésor public
I.3	Construction du siège de FONHAB	2 000 000,00	Trésor public
[redacted]			
	Projet de 4100 maisons dans treize villes de la RDC Kinshasa, Mbuji-Mayi, Kananga, Bukavu, Lubumbashi, Bunia, Kikwit, Matadi, Kimvula, Kisangani, Kolwezi, Mbandaka, Beni et Kindu.	135 317 794,00	Trésor public
[redacted]			

III.1	Projet de rénovation de 300 logements à Kikwit SERVICES DE BASE Aménagement, assainissement et viabilisation : - Réfection de la maison communale (réhabilitation des latrines, des systèmes d'évacuation des eaux usées et vannes, réseaux électrique, alimentation en eau courante,) ; - Aménagement du terrain de foot ; - Construction des hangars et étals du marché en dur ; - Mise en place des bornes fontaines	10 940 025,75	Trésor public
III.2	Projet de rénovation de 300 logements à Matadi SERVICES DE BASE Aménagement, assainissement et viabilisation - Réfection de la maison communale (réhabilitation des latrines, des systèmes d'évacuation des eaux usées et vannes, réseaux électrique, alimentation en eau ; - Aménagement du terrain de football	5 025 600,75	Trésor public

[redacted]			
	Réhabilitation du Pack immobilier du domaine privé de l'État (71 logements et terrains)	2 100 000,00	Trésor public
[redacted]			
	Production d'outils de planification et autres études complémentaires au PUR/GOMA, BUKAVU, KIKWIT ET MATADI : Schéma directeur d'aménagement urbain(SDAU), Plan d'Investissements Prioritaires (PIP)	5 000 000,00	Fonds de Développement Municipal Urbain/BAD
TOTAL	7 projets dont 6071 logements	205 230 477,11	

Quelles perspectives envisagées ?

§5. Perspectives

Le constituant congolais a abattu un travail de titans en insérant dans la Constitution du 18 février 2006 à son article 48, le droit au logement. Ce qui n'est pas le cas avec la Constitution française, mais le constituant français a fait obligation au législateur d'encadrer ce droit sur le plan juridique. Cela a donné naissance au Code de la construction et de l'habitation et en Belgique, le code bruxellois de logement.

En vertu de l'article 3 du décret créant le FONHAB, ce dernier a également pour mission d'appuyer la vulgarisation des textes légaux et réglementaires en matière d'habitat. Autrement dit, la vulgarisation de la loi de 2015 relative à baux à loyer dépend dans le même ordre d'idées au FONHAB.

Dès 2015 jusqu'en 2018, l'année qui consacre la naissance du FONHAB, force est de constater qu'il y a inadéquation entre la norme protectrice de ce droit et la réalité, nous suggérons donc aux pouvoirs publics en général et en particulier le ministère de l'urbanisme et d'habitat de pouvoir initier à travers ses départements respectifs deux types de vérification ; L'une en amont (a) et l'autre en aval (b).

a. Surveillance en amont

En vertu de l'article 45 de la loi du 31 décembre 2015 de baux à loyer, les agents dûment habilités du ministère ayant les baux à loyer dans ses attributions, revêtus de la qualité d'officier de police judiciaire, sont chargés de rechercher et de constater les infractions en la matière.

La loi leur a investi des prérogatives pour mener à bien leurs missions qui consistent à veiller que les dispositions de la loi de 2015 relative de baux à loyer ne soient pas violées, d'autant plus que l'esprit de ladite loi protège ce droit fondamental dit droit au logement.

Le service d'habitat fait partie du pouvoir exécutif. Les agents œuvrant dans ce ministère doivent travailler comme il faut pour que ce droit retrouve son ampleur sur l'étendue du territoire, nous proposons de résolutions suivantes :

- Les agents dudit service doivent obliger aux agences immobilières de s'enregistre auprès de l'autorité compétente en la matière pour lutter contre l'arbitraire ;
- Les agents du service d'habitat doivent obliger aux courtiers d'avoir également une carte d'identité spécifique sous peine d'une sanction ;
- Les agents de l'habitat doivent établir pour chaque parcelle une fiche des logements en location ;
- Les agents dudit service doivent également vulgariser le contenu de la loi, en martelant que le fait de demander plus de trois mois de loyer (bail résidentiel) et plus de six mois (bail socioculturel) est un délit ;

- L'Etat congolais doit chercher à créer une structure qui fixe le montant de loyer[174] car le bailleur congolais élève le loyer pendant le bail sans une mise en valeur adéquate et ordonner le paiement dudit loyer en monnaie nationale;
- Et enfin, les agents de l'Habitat doivent toujours rappeler aux parties que le dépôt de ce contrat doit être fait par les deux cosignataires.

Il faut aussi envisager une surveillance en aval.

b. Surveillance en aval

Selon la loi, Les agents de l'habitat doivent intervenir pendant l'exécution du contrat même lorsqu' il y a litige entre les parties signataires du bail. Comme les agences immobilières ou courtiers sont irrationnels et poussent les parties à violer manifestement l'esprit de ladite loi sur les baux à loyer, l'intervention de l'Etat s'impose. Comme il s'agit d'un droit fondamental, le service de l'habitat doit contourner cette manœuvre et faire du porte à porte s'il le faut pour l'intérêt de tous les congolais et surtout appliquer les dispositions de la loi en vigueur.

A chaque composition du gouvernement, non seulement que le département de l'habitat doit être pris comme ministère de souveraineté, L'Etat doit également débourser de fonds consécutifs pour que ce ministère mène en bien ses missions en faisant respecter le droit au logement à travers ses agents revêtus de la qualité d'OPJ et donner aussi de moyens au FONHAB[175] pour qu'il accomplisse réellement son mission

---

[174] Pour ne pas citer seulement le droit français, le code civil burundais LIII dans son article 385 in fine l'art.3 de l'A.L. n°001 /28 du 13 avril 1966(B.O.B. P.223) dispose : « tout loyer exprimé en une autre unité monétaire que le franc Burundi est d'office converti en cette dernière monnaie au taux officiel du change ».

[175] Fond national d'habitat : C'est un établissement public crée par Décret n°18/033 du 18 novembre 2018, celui-ci est placé sous la tutelle du ministère ayant l'habitat dans ses attributions

principale qui est celle de la promotion de construction de logement .

La RDC était restée de rester plus de trente sans un service public à l'image de l'ONL, et voilà le FONHAB a vu le jour. Aucun de ses projets a été financé et nous nous posons la question de savoir ; pourquoi créer le FONHAB s'il n'est intéressé de près ou de loin à la promotion de construction de logements sociaux ? C'est pathétique la manière dont le FONHAB est presque invisible aux yeux du gouvernement.

Cependant, sous le haut patronage du président de la République Felix TSHISEKEDI, les auspices du Premier Ministre Judith SUMINWA et du Ministre des affaires foncières et du Ministre de l'urbanisme et de l'habitat, la société Modern Construction lance « Cité-jardin de Kinshasa à PLAZA MAKANZA ». D'ici quatre ans ou plus, une cité de 5 800 logements devrait voir le jour dans la commune de la N'sele, à 9 Km de l'aéroport de N'djili à Kinshasa.

La cité-jardin de Kinshasa, un grand projet de grande envergure, mais qui échappe encore au FONHAB et finalement nous aurons du mal à parler du FONHAB comme nous avons l'habitude de parler de l'ONL. Aucun projet financé, sa demeure négative et son avenir est sombre. Le régime actuel doit réagir car dit-on les hommes passent et les institutions restent.

En somme, ce que nous demandons aux autorités compétentes (les Gouvernants) de bien vouloir y travailler au nom et pour le compte du peuple (les gouvernés) et c'est dans ce sens qu'on leur dénomme des serviteurs de la Nation. D'où, lorsqu'on parle de la Nation, l'on voit directement la présence du peuple et c'est en son nom et pour son compte que les autorités administratives (Président de la République, le (la) Première(e) Ministre, les Ministres tant nationaux que provinciaux, les Gouverneurs des provinces, les députés nationaux comme provinciaux, etc.) sont censées exercer leurs fonctions.

Dans bien de cas et en guise d'illustrations, tel le cas de la bonne volonté manifestée par le Ministre d'Etat Crispin Mbadu lors de l'exercice de ses fonctions au ministère de l'Urbanisme et Habitat, où les besoins nécessaires y sont malgré l'argent ainsi décaissé pouvant servir à la réalisation de certains travaux pour promouvoir la satisfaction de l'intérêt général que poursuit l'Administration, se verrait dilapider ou détourner sans justifications valables.

Bien au contraire, c'est dans le cas par exemple du Projet de construction de 1000 maisons pour les sinistrés des inondations de 2022 à Kinshasa et dont le ministre qui était en place a été mise en cause qui, jusqu'à preuve du contraire, les contestateurs n'ont jamais brandi ne fut ce qu'une preuve pour pouvoir soutenir ce présumé détournement. Dans ce cas, ledit Ministre de l'Urbanisme et Habitat, va réclamer plutôt un audit complet avant tout nouveau décaissement et c'est selon les informations procurées des membres de son cabinet, dit-il.

Conclusion

Dans ce dossier, plusieurs questions d'irrégularités se posent donc et ce, dans le cadre toujours de la gestion dudit projet qui, ayant pour service pilote la FONHAB. Ainsi, le marché ayant été attribué à l'entreprise turque Milvest, sans appel d'offres ni validation préalable de la DGCMP, souligne le cabinet du ministre. Lors d'une visite du chantier, Crispin Mbadu, selon ses services, a constaté une incohérence entre les 45 millions USD déjà perçus par l'entreprise et l'état réel d'exécution des travaux.

Pourtant, « Milvest sollicite encore 49 millions USD pour finaliser les travaux, alors que 300 conteneurs de matériel seraient actuellement bloqués à Matadi » toujours selon son cabinet, le ministre a saisi la DGCMP pour une procédure de régularisation, mais celle-ci a été rejetée Motif : l'intégralité du montant du projet, y compris les 45 millions déjà versés sous Nicolas Kazadi, devait être engagée. Face à cette situation, le ministre insiste sur un audit préalable avant tout nouvel engagement financier. En concertation avec le ministre des Finances, une commission a été mise en place.

Conclusion générale

Le logement est l'une des principales préoccupations des citoyens, en effet, chacun a besoin d'un endroit pour vivre car tout celui qui est dépourvu d'un logement est contraint de rester dans la rue. L'on aperçoit ainsi que l'habitation est un bien précieux au point que chacun entrevoit sans difficulté la nécessité d'avoir un toit pour y habiter.

Aussi, le droit à un logement convenable fait partie des droits économiques, sociaux et culturels, au même titre que le droit au travail, à l'alimentation, à l'éducation et a été pour la première fois consacré par la déclaration universelle de droits l'Homme ; c'est donc un droit universel que chaque personne lui est reconnue et consacrée, actuellement par les constitutions de plusieurs pays. Au Congo, la constitution l'en fait mention dans la disposition de l'article 48.

Cependant, une loi devrait en fixer de modalités ; pourtant le Congo connaît de manière permanente, depuis plusieurs décennies, une crise aiguë en matière de logement. Rappelons que, cette crise est plus grande en milieu urbain qu'en milieu rural. C'est ainsi qu'en ce qui concerne le logement, selon Minon, le problème du logement reste toujours primordial dans grands centres et cités importants.

D'où l'importance de la place qu'occupe le droit à un logement décent dans la vie d'un individu. A l'instar de tous les droits humains, les Etats ont l'obligation de respecter, de protéger et de mettre en œuvre le droit à un logement convenable. A cet effet, il sied de noter que la plupart des Etats ont ratifiés le pacte international relatif aux droits économiques, sociaux et culturels, à ce titre, ils ont l'obligation de consacrer le droit à un logement convenable dans leurs législations nationales.

Ce travail a démontré l'inexistence d'un cadre légal et juridique, partant sur la notion de lege lata et de lege ferenda, sur l'applicabilité du droit à un logement décent en général et plus précise à la législation pour enfants. En effet, tout en appuyant, l'action du gouvernement et l'impulsion du Président de la République en ce qui concerne le problème de logement décent en RDC, ce présent travail, salue l'initiative de la codification de ce droit avec comme corolaire la résolution de problème de logement en RDC.

Par ailleurs, l'on soulève le problème de l'incertitude du législateur, en ce qui concerne cette matière, qu'aucune loi, aucun texte aborde de façon claire cette matière, la constitution le cite seulement que le droit à un logement décent est garanti de ce fait, la loi fixe les modalités mais alors aucune loi régit cette matière comme le prévoit la constitution. De même à la loi sur la protection de l'enfant qui aussi le cite juste sans explication claire et nette en donnant des modalités et en démontrant le rôle de l'Etat et l'obligation qu'il a dans la matière.

Il est alors très difficile d'envisager une application étroite du droit à un logement convenable de manière générale et plus précise pour les enfants en RDC, par ce que ce droit reste non légiférer en RDC nonobstant prévu dans la constitution et cette dernière prévoit qu'une loi doit fixer les modalités d'exercices de ce droit mais alors aucune loi à l'instar du code français de construction et d'habitation n'est de mise en RDC et la loi de 2015 qui ne fait de poids face au code bruxellois de logement.

Le droit au logement est un droit universel, reconnu au niveau international et dans plus de 100 constitutions dans le monde, notamment dans la constitution de la RDC très haut cité. Ce droit implique aussi de lutter contre les expulsions forcées dont sont victimes des certaines de milliers des congolais chaque année par les pays occidentaux et qui deviennent sans logement une fois sur place en RDC.

En effet, la problématique des logements sociaux est l'une des préoccupations majeures du Président de la République Félix TSHISEKEDI, il l'a fait savoir dans sa communication lors de sa 100e réunion du conseil des ministres tenue vendredi le 02 juin 2023 à la cité de l'union Africaine. Avec la disparition de la caisse nationale d'épargne et des crédits immobiliers (CNECI) créée en 1971 ainsi que l'office national de logement (ONL) d'une part, et l'augmentation exponentielle de la population d'autre part, va-t-il faire remarquer, la rareté du logement s'est installée dans la durée et un fossé s'est inexorablement creusé entre l'offre et la demande de logement.

De ce fait, il ressort du rapport du ministère de l'Urbanisme et habitat aujourd'hui sous la direction de son excellence Crispin MBADU, que la République Démocratique du Congo accuse aujourd'hui un déficit qui se situe environ quatre millions d'unités de logement qui oblige le pays à construire près de 265000 unités de logement par an : - en guise de réponse, il a été mis en place trois établissements publics à savoir l'Agence congolaise de promotion immobilière (ACOPRIM) organe technique chargé d'assurer la construction des logements décents et à des prix abordables, de gérer et de réhabiliter les patrimoines immobiliers du domaine privé de l'Etat, le Fonds national de l'Habitat (FONAH) qui est un levier social et financier avec pour missions collecter les fonds nécessaires pour construire les logements et répondre aux diverses sollicitations des financements dans le domaine de l'habitat et en fin, le guichet unique de délivrance des permis de construire (GUPEC) qui est l'organe technique de régulation et seul interface entre promoteur immobilier et l'Etat ; il permet de lutter contre les coulages des recettes, de réduire les procédures administratives de l'obtention des documents ayant trait à la construction et de lutter contre les constructions anarchiques.

Cependant, le Président de la République Félix TSHISEKEDI a indiqué que ce triple réforme, appuyée par les partenaires techniques et financiers du Brettonwoods a notamment pour impact d'améliorer l'accès effectif des populations au logement décent, et à coût abordable ainsi que de construire le cadre de régulation du secteur du logement décent, longtemps laissé sous l'égide de l'anarchie à cause de la disparité manifeste dans le domaine de l'investissement immobilier, ainsi donc les membres du gouvernement concernés ont été chargés d'accompagner positivement ces nouvelles du structure pour offrir rapidement à la population congolaise des logements dignes et décent. Par ce motif, le ministre de l'Urbanisme et l'Habitat devrait particulièrement présenter un rapport sur cette mise en œuvre.

Partant de ce qui précède, l'on félicite les efforts soutenus du gouvernement sur le logement en général, mais alors l'effectivité qui traine encore et qui pose problème, dans les rues de Kinshasa il y a une pluralité des enfants appelé communément enfants de la rue sans abri, ni où se loger ; ces enfants sont en situation difficile dont il est demandé au gouvernement d'accélérer avec ce programme si noble pour élaborer des logements dignes et décents à ces enfants qui manquent jusqu'à là des logements.

Par ailleurs, à l'instar des Etats du globe, la RDC doit dans son arsenal juridique légiférer mieux élaborer une loi sur le logement et l'habitation comme prévoit la constitution dans son article 48 cité ci-dessus.

Pour l'encadrement et l'accompagnement de ce droit reconnu aux instruments juridiques internationaux comme faisant partie intégrante du droit à un niveau de vie suffisante. En effet et comme nous l'avons vu, le droit au logement est un droit fondamental qui est également reconnu comme un droit social et économique. Ce droit est souvent interprété comme un droit à un logement fourni par l'État alors que, dans les pays industrialisés, le logement est régi par des lois du marché économique et une diminution des logements fournis par l'État.

Mais pourquoi parler du droit du logement au niveau international ? Dans un monde où les relations entre les États ne se limitent plus à un rôle hégémonique mais où des « organisations cherchent à imposer leurs décisions à toutes les nations du monde (ONU par exemple), [...] ces organisations cherchent à faire prendre aux États nationaux des engagements qu'ils doivent respecter (même s'ils se font tirer l'oreille) ».

A notre avis, c'est au niveau du droit international que se situent différents arbitrages sur le sujet. « C'est sur ces terrains que se déterminent non seulement les aménagements des droits existants, mais encore plus fondamentalement, les frontières entre marché et démocratie, entre droits et dispositifs discrétionnaires ou contractuels ». Enfin, les textes internationaux vont rendre légitime des logiques politiques, des principes moraux. C'est pourquoi, dans une première partie, nous nous attarderons sur les principaux textes juridiques internationaux reprenant le droit au logement.

Au niveau européen, bien que le logement soit un domaine dépendant de la compétence de chaque État membre, il nous a paru opportun de relever une partie des textes qui font appel sinon au droit au logement du moins au logement. Selon l'Organisation des Nations Unies, 40 % des constitutions de l'ensemble des États font référence au logement ou au droit au logement. Nous verrons si ce pourcentage peut s'appliquer au niveau de l'Union européenne en considérant le droit au logement et son applicabilité dans les différentes constitutions des États membres. De manière synthétique, nous terminerons par la clé de répartition de la compétence au sein de différents États de l'Union européenne.

Pour le docteur Padraic Kenna, « le droit international des droits de l'homme souligne que tous les États, indépendamment de leur niveau de développement économique, possèdent une obligation minimum à garantir la satisfaction, ou tout au moins, les niveaux essentiels minimum de chacun des droits internationaux adoptés. Selon le Comité des Nations unies sur les droits économiques, sociaux et culturels, un État dans lequel un nombre significatif d'individus est privé d'un refuge de base et d'un logement manque de *prime abord* à ses obligations »[176].

En 1991, le Comité des Nations unies sur les droits économiques, sociaux et culturels a rédigé l'Observation générale n° 4 relative au droit à un logement suffisant, comme énoncé dans l'article 11 § 1. Ce rapport poursuivait l'objectif de décliner « les éléments des politiques de l'habitat que les États doivent mettre en œuvre pour fournir des conditions d'habitat acceptables à [leurs] citoyens »[177].

Nous retrouvons dans cette Observation générale, les éléments d'un logement suffisant, au sens où cela est reconnu par la communauté internationale. Le document ne nous livre que le « paragraphe 1 de l'article 11 du Pacte est la disposition la plus complète et peut-être la plus importante en la matière ». Il nous donne également une définition du logement : « un lieu où l'on peut vivre en sécurité, dans la paix et la dignité ». Ce logement doit être suffisant, c'est-à-dire offrir « suffisamment d'intimité, d'espace, un éclairage et une aération convenable [...] tout cela pour un coût raisonnable ».

---

[176] KENNA, 2003, p. 4

[177] KENNA, 2004, p. 21

Nous ne nous attarderons pas en détail sur les différents aspects du droit au logement qui doivent être pris en compte ; cependant, nous relèverons : - que la sécurité est définie comme la protection légale contre l'expulsion, le harcèlement ou les autres menaces ; - que l'on mentionne l'existence de services, de matériaux... et plus précisément l'accès à l'eau potable, à l'énergie pour cuisiner, se chauffer, s'éclairer... - que la capacité de paiement ou le coût du logement ne devrait pas supplanter d'autres droits ; - que la notion d'habitabilité comprend des espaces convenables, la protection contre la chaleur, l'humidité...

Toutes ces dispositions appropriées doivent venir tant du secteur public que du secteur privé afin que les États satisfassent le droit au logement. Le professeur Kenna précise par ailleurs que, « prises dans leur totalité, ces déclinaisons forment le cœur des garanties qui, dans le cadre des lois publiques internationales, protègent légalement tous les individus » (Kenna, 2004, p. 21). Tout ceci montre la complexité du droit au logement et le nombre de champs dont doivent tenir compte les États pour satisfaire ce droit.

En ratifiant ces traités, les États s'engagent en effet à : - une reconnaissance de la dimension « droit de l'homme » de l'habitat : les États veilleront à ce que cette protection légale ne soit pas rognée ; - prendre les mesures législatives et définir « les politiques publiques orientées vers la réalisation progressive des droits liés à l'habitat ». Ces mesures législatives et ces politiques ne pourront contrevenir à la légitime assurance légale d'un habitat convenable. Les États développeront une stratégie nationale visant la réalisation progressive du droit au logement pour tous ; - donner priorité aux groupes sociaux vivant dans les conditions les plus défavorables.

Un autre texte que nous pouvons relever est la Résolution de la Commission des droits de l'homme 2001/28 relative au logement convenable, qui « engage tous les États à donner plein effet aux droits relatifs au logement [...] [et] à faire respecter l'ensemble des normes nationales juridiquement contraignantes en vigueur dans le domaine du logement ».

Il existe d'autres instruments internationaux de l'ONU, dont nous ne citerons ici que quelques exemples : le droit au logement dans la Convention internationale des droits de l'enfant de 1989, dans la Convention relative au statut des réfugiés de 1951, dans la Convention internationale sur la protection des droits des travailleurs migrants et des membres de leurs familles de 1990, la recommandation n° 115 de l'Organisation internationale du travail relative au logement des travailleurs de 1961... Des résolutions, bien que non contraignantes, ont été également prises. Leur objectif est de permettre la mise sur pied de normes internationales admises.

Il existe enfin le projet de Convention internationale sur le droit au logement proposé en 1994 mais non adoptée à ce jour. Pourtant, ce projet nous paraît reprendre tous les éléments définissant les droits de l'habitat. Il apparaissait dans ce document que « les arguments en faveur de l'adoption d'un instrument juridique international à ce sujet semblent convaincants »[178]. Une autre instance internationale, le Conseil de l'Europe, nous livre la Convention européenne de sauvegarde des droits de l'homme et des libertés fondamentales. Malheureusement, ce texte de base ne comporte aucune référence explicite au droit au logement. Tout au plus, nous pouvons signaler l'article 8, qui affirme le « droit au respect de sa vie privée et familiale, de son domicile et de sa correspondance » .[179]

Il convient également de prendre en considération la Charte sociale européenne, révisée en 1996 par le Conseil de l'Europe. Sans nous attarder particulièrement à tous les articles qui traitent de l'habitat, signalons cependant plusieurs articles intéressants : l'article 15, qui précise les obligations à l'égard des personnes handicapées mentales ou physiques ; l'article 16, qui définit les droits à la protection sociale, juridique et économique des familles ; l'article 30, qui traite des mesures que les États doivent mettre en action pour assurer l'exercice effectif des droits au/du logement. Notons dès à présent que cet article 30 renforce l'article suivant, car il fait « appel à différentes mesures [qui sont] coordonnées pour promouvoir l'accès effectif des personnes

---

[178] RAJINDAR, 1994, p. 30

[179] *Code Économie,* 2004, p. 19

pauvres et de leur famille, en situation d'exclusion sociale ou risquant l'exclusion sociale, au logement, à la formation [et] envisager un réexamen de ces mesures en vue de leur adaptation si nécessaire »[180].

Attardons-nous sur l'article 31, qui traite du droit au logement en ces termes : « En vue d'assurer l'exercice effectif du droit au logement, les Parties s'engagent à prendre des mesures destinées : - à favoriser l'accès au logement d'un niveau suffisant ; - à prévenir et à réduire l'état de sans-abri en vue de son élimination progressive ; - à rendre le coût du logement accessible aux personnes qui ne disposent pas de ressources suffisantes ».

Presque tous les pays membres du Conseil européen ont signé ou ratifié la Charte sociale européenne révisée. Certains pays « ratificateurs » n'ont toutefois pas accepté l'article 31 ou certaines dispositions de cet article.

Cet article a fait l'objet de commentaires de la part du Comité européen des droits sociaux. Reprenant chaque paragraphe de l'article 31, nous pouvons constater les points suivants :

- *Logement d'un niveau suffisant.* Le logement d'un niveau suffisant est défini comme « un logement salubre s'il dispose de tous les éléments de confort essentiels (eau, chauffage…) », non surpeuplé et impliquant une protection contre l'expulsion et autres formes de menaces. « Il incombe aux pouvoirs publics de s'assurer que le logement est de niveau suffisant » et qu'il est reconnu au niveau juridique. « Les États répondent ici aux normes d'habitabilité et devront réglementer l'accès au logement dit notamment social »[181] ; .
- *Prévenir et réduire l'état de sans-abri.* Les États doivent réduire progressivement le nombre de sans-abri et empêcher que des personnes dans la précarité ne soient privées d'abri. Cet article de la Charte sociale européenne est probablement le seul texte international

---

[180] VAN DAMME, 2001, p. 40

[181] *Ibid.*

qui traite de cette frange de la population en vue de lui fournir un logement digne de ce nom.

- *Coût de logement accessible*. L'offre de logement à un coût abordable doit être assurée notamment par les États sous forme de logements sociaux ou d'aides au logement. Cela sous-entend qu'il s'agit des personnes qui ne possèdent pas les ressources financières suffisantes.

« Le droit au logement est un des piliers de la stratégie de cohésion sociale du Conseil de l'Europe »[182]. C'est ce qui est plus particulièrement affirmé dans cet article 31 qui vise à « favoriser l'accès au logement d'un niveau suffisant, [à] prévenir et [à] réduire l'état de sans-abri, et [à] rendre le coût du logement accessible aux personnes démunies ». On peut retenir que « Le logement n'est pas une compétence de l'Union européenne »[183], mais doit être perçu comme une reconnaissance des acteurs nationaux du logement. Il trouve sa place dans le résumé de la politique européenne poursuivant la lutte contre l'exclusion sociale et ce, via le problème de cohésion des politiques sociales.

Ceci n'empêche pas de retrouver dans les textes juridiques de l'Union européenne des références au droit au logement. Ainsi, dans le Traité de l'Union européenne, l'article 136 stipule : « La Communauté et ses États membres, conscients des droits sociaux fondamentaux, tels que ceux énoncés dans la Charte sociale européenne signée à Turin le 18 octobre 1961 [...], ont pour objectifs la promotion de l'emploi, l'amélioration des conditions de vie et de travail »[184]. Cet article fait donc clairement référence à la Charte sociale européenne et à son article 31 dont nous avons parlé précédemment.

Une première résolution du Conseil de l'Union européenne et des ministres des Affaires sociales, datant du 29 septembre 1989, affirmait vouloir mettre en commun les connaissances et les analyses du phénomène d'exclusion en favorisant, entre autres, le logement.

---

[182] BATTAINI-DRAGONI et DOMINIONI, 2003, p. 7

[183] Noël, 2003, p. 250

[184] *Code Économie*, 2004, p. 62

En mars 2000, la Commission des libertés et des droits des citoyens du Parlement européen demandait « que tous les droits économiques et sociaux allant de la protection sociale à des conditions de logement adéquates et à des soins de santé et à une éducation appropriée soient incorporés dans la future Charte des droits fondamentaux de l'UE »[185]. Cependant, « à l'intérieur de l'Union européenne, il existe dans la grande majorité des documents communautaires une forte propension à se concentrer sur les "politiques sociales", destinées à la promotion de la "protection sociale", ou à combattre "l'exclusion sociale", plutôt qu'à l'affirmation de "droits sociaux" » [186].

En 2000, lors du Conseil européen de Nice est mis sur pied l'agenda pour une politique sociale de l'Union européenne. Il apparaît lors de la mise en commun des différents « PAN Inclusions », que les efforts politiques des États membres en matière de logement pouvaient se faire selon trois axes :

- Augmentation de la production de logement accessible et d'hébergement ;
- Garantie de la qualité et maîtrise des prix sur la frange inférieure du marché de l'habitat ;
- Protection des consommateurs vulnérables.

Le Conseil de l'Union européenne dans sa Charte des droits fondamentaux, adoptée en 2000 lors du Traité de Nice, ne reconnaît pas le droit au logement mais, dans son article 34 relatif à la sécurité sociale et à l'assistance sociale, nous précise dans son point 3 : « Afin de lutter contre l'exclusion sociale et la pauvreté, l'Union reconnaît et respecte le droit à une aide sociale et à une aide au logement destinées à assurer une existence digne à tous ceux qui ne disposent pas de ressources suffisantes, selon les modalités établies par le droit communautaire et les législations et pratiques nationales ».

Dans ses explications destinées à éclairer les dispositions de la Charte, le Conseil de l'Union européenne se réfère aux articles 30 et 31 de la Charte sociale européenne. De plus, cet article devrait être respecté en vertu de l'article 137 § 2 du Traité des Communautés européennes, dont le dernier alinéa

---

185 ALSTON et WEILER, 2001

186 *Ibid*em

précise : « Le Conseil […] peut adopter des mesures destinées à encourager la coopération entre États membres par le biais d'initiatives visant à améliorer […] à évaluer les expériences afin de lutter contre l'exclusion sociale ». La portée de cette charte ne se fait que dans le principe de subsidiarité. Bien que non incluse dans le Traité de Nice, il apparaît regrettable qu'elle ne fasse pas référence de manière explicite au droit au logement.

Citons la Directive du Conseil de l'UE qui promeut la mise en œuvre du principe d'égalité de traitement entre les personnes indépendamment de leur origine raciale ou ethnique et en particulier, l'article 3 (1) qui « devrait s'appliquer à toutes les personnes, du secteur privé ou public, y compris les institutions publiques, par rapport à : … (h) l'accès aux et l'offre de biens et de services qui sont disponibles au public, dont le logement ».

Le Sommet européen de Laeken de 2001, qui clôturait la présidence de la Belgique de l'Union européenne, a permis dans ses conclusions de dresser une série d'indicateurs communs aux quinze États relatifs à l'éradication de la pauvreté et de l'exclusion sociale, parmi lesquels se retrouvait la problématique du logement. Cette déclaration plaide pour une intégration générale des questions de logement dans les politiques européennes.

Pour le professeur Kenna, au niveau européen, le rôle de l'État est de vérifier le bon fonctionnement du marché de l'habitat, en tant que système de production et d'attribution du logement. Aux niveaux nationaux, en France, en 1995, le Conseil constitutionnel déclare le droit au logement comme un « objectif de valeur constitutionnelle ». La conséquence de cet objectif est que le pouvoir législatif peut voter des lois correspondantes, sans pour autant que la « justiciabilité » soit appliquée. Malgré cela, la jurisprudence montre que le droit au logement est un droit fondamental appuyé sur le droit à la dignité humaine.

L'Autriche ne fixe aucun droit fondamental dans sa constitution, mais possède une législation sociale développée qui inclut le droit au logement. Le Danemark, voulant garantir le côté libéral de sa constitution, n'énumère que peu d'éléments de droit fondamental (droit au travail et droit à l'enseignement gratuit). Une loi anti-pauvreté est cependant d'application, qui met l'accent sur l'assistance sociale. En Irlande, la constitution reflète l'enracinement religieux du peuple et met l'accent sur la famille, mais sans y inclure le droit au logement.

En Italie, la constitution, révisée en 2002, énumère une série de droits fondamentaux, mais ignore celui du logement. Vu que la liste de ces droits fondamentaux n'est pas close, la Cour constitutionnelle reconnaît un droit au logement adéquat, mais « sans lui reconnaître un caractère inconditionnel ».

Pour le Royaume-Uni, vu qu'il n'existe pas de constitution écrite, le droit au logement ne peut être inscrit. De plus, le logement n'est pas une priorité car, en réglementant celui-ci, les libertés individuelles seraient, estime-t-on, entravées. Nous pouvons noter l'existence du *Housing Act* de 1996, qui oblige les autorités locales à loger les sans-abri. La Tchéquie, l'Estonie, Chypre, la Lettonie, la Lituanie, la Hongrie, Malte, la Slovaquie n'ont pas inscrit le droit au logement dans leur constitution. La Belgique cite le droit au logement dans l'article 23 de sa constitution, mais le droit n'y est pas garanti.

La constitution portugaise indique dans son article 65 : « aux conditions de logements adéquats », en tant que droit social et une tâche fondamentale de l'État. La constitution espagnole « accorde à tous les Espagnols le droit au logement ». Malgré cet énoncé clair, le droit au logement ne fait cependant pas partie des droits-libertés ou des droits-participations, et est donc moins protégé. L'énoncé reste un simple énoncé de principe en l'absence de recours devant la cour constitutionnelle. Cette dernière application du droit vaut également pour le Portugal.

La Finlande précise dans sa constitution que « l'État est tenu de favoriser le droit de chacun au logement et de soutenir les efforts personnels dans la recherche d'un logement ». Ce droit doit cependant être mâtiné car il est appliqué de manière différente selon les catégories de personnes. Les familles se trouvant dans une situation de pauvreté peuvent faire valoir le droit au logement comme « un droit subjectif qui peut être revendiqué devant les tribunaux ».

La constitution grecque stipule que « la fourniture d'un logement aux sans-abri ou aux mal lotis fait partie de l'assistance publique apportée par l'État ». Beau principe, car l'État ne peut être condamné pour une non-exécution de ses obligations. Selon l'article 22 de la constitution néerlandaise, révisée en 1983, il y a « obligation pour l'État et les autres collectivités publiques de prendre des mesures en vue de créer un espace habitable suffisant ». Cet article n'exprime cependant pas un droit fondamental au logement, qui n'est donc pas un droit reconnu.

Bien que cela ne soit pas inscrit de manière explicite dans sa constitution, la Suède se présente comme un État providence : « Le bien-être personnel, financier et culturel de l'individu doit être l'objectif primaire de la fonction publique ». Il incombe dès lors à la communauté suédoise de veiller au bien-être de chacun, y compris dans le domaine du droit au logement. Même si ce droit est considéré comme un objectif de l'État, il n'est cependant pas opposable en justice.

La Pologne, qui prend en considération les sans-abri, met en avant le rôle des pouvoirs publics qui ont à mettre « en œuvre une politique favorisant la satisfaction des besoins citoyens en matière de logement ». La Slovénie met l'accent sur le fait que « l'État crée des conditions permettant aux citoyens d'obtenir un logement convenable ». On voit donc que, bien que le droit au logement soit inscrit dans les textes fondateurs des pays de l'Union européenne, l'application juridique diffère selon trois normes constitutionnelles distinctes : pragmatique, prescriptive ou à applicabilité directe.

Selon la norme constitutionnelle pragmatique, l'État est censé mener une politique de logement *ad hoc*. L'État donne l'impulsion aux autres niveaux de pouvoir pour que ceux-ci puissent, si ce n'est développer le droit au logement, tout au moins ne rien faire contre ce droit. Ce type de norme, qui est appliqué en Suède, en Grèce et en Finlande, ne peut être interprété comme un droit subjectif. Selon la norme constitutionnelle prescriptive, le législateur reçoit un mandat constitutionnel en vue de satisfaire un mandat déterminé. C'est le cas de l'Italie, de l'Espagne et du Portugal. Cette applicabilité indirecte ne devient directe que lorsque le pouvoir législatif légifère. Ce droit peut alors être invoqué devant les tribunaux. Enfin, selon la norme à applicabilité directe, le législateur est tenu à la réalisation du droit concerné. Il s'agit d'un droit pouvant être invoqué devant les tribunaux judiciaires et administratifs. C'est le cas de la Belgique. Ces trois normes possèdent un point commun en ce que l'État n'est pas tenu de construire des logements pour tout le monde mais est tenu de prendre des mesures visant à ce que chaque personne dispose d'un logement décent. Inscrit ou non dans la constitution, le partage de la compétence du logement se fait de plusieurs manières.

Les compétences du logement sont parfois situées au niveau de l'État central avec une délégation au niveau local, accentuant le rôle des communes. C'est le cas de la Suède, du Danemark, de la Finlande, du Portugal… Cette délégation peut également être plus limitée, comme c'est le cas au Luxembourg et en Grèce.

Une autre clé de répartition des pouvoirs peut se faire selon un partage des compétences entre l'État central et ses Régions. Cela se pratique en Espagne, en Italie, au Royaume-Uni, ainsi que dans des régions fédérées qui délèguent leurs compétences à l'État fédéral. Cette particularité se retrouve en Allemagne et en Autriche. Nous parlerons ici de compétences dites concurrentes

En définitive, nous avons pu remarquer que le droit au logement figure parmi les droits qui ont place aux niveaux national et international. L'ensemble de ces droits nationaux et internationaux représente « un socle légal important pour les actions à venir [et] assure la réalisation effective du droit au logement ». Il s'agit de droits « dont les nations, même si elles résistent, devront peu à peu tenir compte, même les plus hégémoniques ». Nous pourrions penser que les droits sont des atouts permettant de lutter contre le pouvoir discrétionnaire des administrations et de stimuler les initiatives étatiques (ici à propos du logement). Il s'avère cependant que les politiques récentes des États cherchent plutôt à réduire ces droits à « des politiques molles en faveur de tel ou tel objectif social ».

Bien qu'inscrit dans certaines constitutions, où il peut entrer en conflit avec le droit de propriété, le droit au logement n'est pas applicable directement. Cette applicabilité indirecte « ne conditionne pas l'efficacité de la norme ». Pour que cette applicabilité soit totale, il faudrait que l'ensemble des organes juridictionnels ait mis en œuvre le droit au logement. Alors seulement, le droit au logement pourrait, contrairement à la liberté de la presse, obtenir une contrepartie qui est d'obtenir des prestations de l'État. Le logement pourra alors faire partie de ces droits sociaux qualifiés de « droit créance » ou « droit à avoir des droits ».

En Afrique en général et en RDC en particulier, le peuple doit avoir l'habitude de réclamer devant les juridictions compétentes leurs droits fondamentaux pour que ceux-ci deviennent effectifs et ne restent pas théoriques, à cause de l'ignorance bien entretenue de la majorité qui se laisse entraîner dans les distractions.

Annexes

Annexe numéro 1

LOI N° 15/ 025 DU 31 décembre 2015 relative aux baux à loyer non professionnels

L'Assemblée nationale et le Sénat ont adopté, Le Président de la République promulgue la loi dont la teneur suit :

Chapitre Ier : De l'objet, du champ d'application et des définitions

Article 1er

La présente loi régit les rapports entre le bailleur et le preneur. Elle s'applique aux baux résidentiel et socioculturel.

Article 2

Au sens de la présente loi, on entend par : 1. agence immobilière : toute entreprise ou société privée utilisant les courtiers et les agents immobiliers et ayant pour rôle de faire la promotion immobilière en mettant en rapport le bailleur et le preneur afin de permettre à l'un de jouir ou disposer de l'immeuble que l'autre veut louer ou vendre ; 2. agent immobilier : toute personne physique prestant ses services au sein d'une agence immobilière ; 3. bail : contrat par lequel l'une des parties, appelée « bailleur » s'oblige à faire jouir à l'autre partie appelée « preneur » d'un immeuble ou d'un local, pendant une période donnée moyennant un prix convenu appelé « loyer » que le preneur s'engage à payer à des échéances convenues de commun accord ; 4. bail résidentiel : contrat qui porte sur une maison, une villa ou un appartement à usage d'habitation ainsi que ses dépendances; 5. bail socioculturel : contrat dans lequel une association sans but lucratif ou un établissement d'utilité publique est « preneur » ; 6. bailleur : toute personne, titulaire d'un droit de propriété ou d'un droit réel de jouissance, qui donne à bail son bien ou son droit; 2

7. courtier immobilier : toute personne physique ou morale responsable d'une agence immobilière ; 8. dépendances : les autres parties de l'immeuble qui lui sont rattachées et qui sont concernées par la location principale, notamment les garages, annexes, entrepôts, dépôts ; 9. garantie locative : somme d'argent versée par le preneur auprès du bailleur pour prévenir son insolvabilité ou les dégradations du bien loué ; 10. intermédiaires immobiliers : ensemble constitué des agences immobilières, de la ligue des preneurs, de la ligue de propriétaires et des courtiers immobiliers ; 11. livret de bail : document administratif contenant des renseignements sur le bailleur et le preneur ainsi qu'un modèle de contrat de bail ; 12. loyer : prix convenu par les deux parties au contrat de bail ; 13. préavis : période déterminée précédant l'application effective de la résiliation du bail ; 14. preneur : personne qui prend un immeuble à bail ; 15. prise à crédit : opération consistant à considérer les frais engagés par le preneur pour les travaux de réparation par rapport au montant de loyer à payer au bailleur ; 16. syndic des preneurs : personne physique ou groupe de personnes physiques ou personne morale, preneur ou non, à qui deux ou plusieurs preneurs confient la gestion des parties communes de l'immeuble loué, avec l'accord du bailleur.

Chapitre II : De la forme du bail, du livret de bail, des agents, des agences et des courtiers immobiliers

Section 1ère : De la forme du bail et du livret de bail

Article 3

Le bail est un acte écrit, librement conclu par les parties, établi soit par acte notarié soit par acte sous seing privé. 3 Dans les trente jours de sa conclusion ou en cas d'avenant, les parties au bail ou, le cas échéant, l'agence immobilière, présentent, en trois exemplaires, le contrat ou toute modification pour enregistrement au service compétent. A défaut, le livret de bail est appliqué aux relations contractuelles. Il est également soumis à l'enregistrement.

Article 4

Le livret de bail modèle unique est réglementé par arrêté du ministre ayant les baux à loyer dans ses attributions. Chaque partie reçoit un exemplaire original du contrat enregistré ou du livret de bail enregistré, le troisième reste au service local compétent.

Article 5

Le bail comporte: 1. l'identification des parties ; 2. la description et la destination de la chose louée ; 3. la désignation des locaux et éventuellement des équipements dont le preneur a jouissance effective ; 4. l'énumération des pièces, équipements et accessoires de l'immeuble qui font l'objet d'un usage commun ; 5. le loyer et les termes de paiement ; 6. la date du début et la durée du contrat ; 7. les conditions et les modalités de résiliation du contrat ; 8. la durée du préavis éventuel ; 9. le montant de la garantie locative.

Article 6

Un arrêté interministériel pris par les ministres ayant respectivement les baux à loyer et les finances dans leurs attributions, fixe le montant des frais administratifs relatifs au livret de bail et à l'enregistrement.

Article 7

Le bail porte sur un bien répondant aux conditions légales de sa jouissance.

Article 8

Après conclusion d'un bail socioculturel, le preneur bénéficie d'un délai fixé de commun accord avec le bailleur pour équiper ou mettre en état d'exploitation le bien loué. Cette période n'est pas comprise dans le paiement du loyer qui ne court qu'après ce délai. Le preneur est responsable de tout dommage causé aux biens sous sa garde.

Section 2 : Des agents, des agences et des courtiers immobiliers

Article 9

Un arrêté du ministre ayant les baux à loyer dans ses attributions organise les fonctions d'agents, agences, courtiers immobiliers, des syndicats des bailleurs, des preneurs et ceux des intermédiaires immobiliers.

Article 10

Les honoraires de l'agence immobilière, lors de la conclusion du bail, correspondent à un mois de loyer et sont à charge de la personne qui a sollicité ses services. Toutefois, lorsque les deux parties saisissent simultanément la même agence immobilière, les honoraires sont supportés par moitié par le bailleur et le preneur.

Chapitre iii : Des obligations des parties

Section 1ère : Des obligations du bailleur

Article 11

Le bailleur est tenu aux obligations ci-après : 1. mettre l'immeuble à la disposition du preneur dans un état approprié à sa destination. Il est interdit au bailleur, dans un espace commun, de donner à bail des 5 immeubles ayant des destinations incompatibles, susceptibles de causer préjudice aux différents preneurs ; 2. assurer au preneur la jouissance paisible du bien loué, notamment en le garantissant contre les troubles de jouissance que causeraient le bailleur et/ou les membres de sa famille et contre toute éviction partielle ou totale; 3. garantir le preneur contre les vices cachés qui empêchent l'usage normal du bien loué ; 4. prendre en charge les grosses réparations à effectuer sur l'immeuble ; 5. payer sa quote-part des factures d'eau, d'électricité, de téléphone et/ou autres, en cas de cohabitation avec un ou plusieurs preneurs ; 6. supporter les impôts et taxes qui sont à charge des lieux loués. Il lui est interdit de les répartir sur les preneurs ; 7. ne pas changer, pendant la durée du bail, la destination de la chose louée, sauf accord exprès de deux parties ; 8. rembourser la garantie locative à la fin du bail.

Article 12

Le bailleur qui entend vendre le bien loué, en informe le preneur par écrit afin qu'il puisse exercer le droit de préemption. En cas de refus ou de silence du preneur, dans les quinze jours, le bailleur est libre de vendre son bien à toute personne de son choix. En cas de vente du bien loué, le bail court jusqu'à son terme, s'il est à durée déterminée. Si le bail est à durée indéterminée, le nouvel acquéreur ne peut faire déguerpir le preneur trouvé sur le lieu qu'en observant les formes et le délai prévus aux articles 30 et 31 de la présente loi.

Section 2 : Des obligations du preneur

Article 13

Le preneur est tenu aux obligations suivantes : 1. payer le loyer selon les modalités convenues; 2. user de la chose louée en bon père de famille ; 3. répondre des pertes ou dégâts causés à la chose louée pendant la durée du contrat et qui lui sont imputables ; 4. entretenir l'immeuble et les équipements mentionnés au contrat et procéder aux réparations locatives sauf celles ayant pour cause la vétusté, l'usure, les malfaçons, les vices de construction et le cas fortuit ; 5. informer le bailleur de toutes destructions ayant pour origine l'une des causes énumérées au point quatre ci-dessus ou nécessitant des grosses réparations ; 6. ne pas entreprendre de grosses réparations sans l'autorisation du bailleur. Le devis est approuvé par les deux parties. 1/ le coût des travaux sera récupéré intégralement par le locataire par des déductions mensuelles sur le loyer ; 2/ tant que les frais engagés par le preneur ne sont pas entièrement récupérés, le bailleur ne peut résilier le contrat de bail ni réajuster le montant du loyer ; 3/ en cas de plus-value, les deux parties concluent un avenant. ne pas modifier ni transformer le bien loué sans l'accord préalable exprès du bailleur. En cas de méconnaissance par le preneur de cette obligation, le bailleur peut soit exiger la remise des lieux au prestin état, soit conserver les modifications ou transformations sans que le preneur ne puisse prétendre à une quelconque indemnisation ; 8. convenir préalablement avec le bailleur des aménagements à réalisation qui ne constituent pas une modification ou une transformation de la chose louée ; 9. laisser inspecter les lieux par le bailleur selon la périodicité convenue.

Article 14

Le preneur bénéficie d'une prise à crédit, en cas d'exécution de travaux autorisés par le bailleur. Les parties en approuvent le devis. Le coût des travaux est remboursé intégralement au preneur aux conditions convenues de commun accord. Tant que les frais engagés par le preneur ne sont pas entièrement restitués, le bailleur ne peut résilier le contrat de bail ni réajuster le montant du loyer.

Article 15

La responsabilité du preneur relative à l'usage du bien loué est réglée par les articles 387 à 392 du 30 juillet 1888 portant Code civil livre III tel que modifié à ce jour.

Article 16

Les preneurs d'un immeuble ayant plusieurs unités de logement sont tenus de participer aux charges communes et de respecter les règles de cohabitation. Ils s'organisent et désignent un syndic qu'ils rémunèrent et qui les représente vis-à-vis du bailleur. Sous réserve du règlement de syndic, si le syndic désigné par les preneurs ne remplit pas correctement sa mission, le bailleur a le droit de choisir un autre rémunéré par les preneurs. Un arrêté du ministre ayant les baux à loyer dans ses attributions réglemente le syndic des preneurs.

Section 3 : De l'état des lieux

Article 17

Un état des lieux contradictoire est dressé au début et à la fin du bail.

Chapitre IV : De la garantie locative et des modalités de paiement du loyer

Section 1ère : De la garantie locative

Article 18

Au début du bail, le preneur verse une garantie locative entre les mains du bailleur ou de son mandataire. La garantie locative ne peut excéder une somme équivalant à :

1. Trois mois de loyer pour le bail résidentiel ;
2. Six mois de loyer pour le bail socioculturel. Elle ne peut être réajustée en cours de bail, ni produire des intérêts ni être affectée au paiement du loyer.

Article 19

La garantie locative est restituée, selon le cas, à la fin du bail au moment de la libération des lieux loués par le preneur, déduction faite de toutes sommes dues au bailleur.

Article 20

Il est interdit au bailleur de percevoir la garantie locative d'un tiers, tant que le contrat en cours n'est pas arrivé à terme. Section 2 : Des modalités de paiement du loyer

Article 21

Le loyer est fixé librement par les parties. Il est payé en monnaie ayant cours légal en République Démocratique du Congo. Il est payé en espèces ou par voie bancaire selon les modalités convenues entre parties.

Article 22

Il est interdit au bailleur d'exiger le paiement anticipatif du loyer.

Chapitre V : Du renouvellement du bail

Article 23

Le bail peut être renouvelé, à l'initiative de l'une des parties, trois mois avant l'expiration du bail résidentiel ou six mois avant l'expiration du bail socioculturel. Le bail ainsi renouvelé est soumis aux mêmes conditions de fond et de forme que le bail précédent, sans préjudice de nouvelles clauses convenues par les parties conformément à la présente loi.

Article 24

Si le preneur continue la jouissance de l'immeuble loué après l'expiration du bail sans opposition de la part du bailleur, il est censé l'occuper aux mêmes conditions et pour la même durée que celles du bail précédent. Il ne peut en sortir ni en être déguerpi qu'après un préavis donné conformément aux dispositions des articles 30 et 31 de la présente loi.

Chapitre VI: De la cession du bail et de la sous-location

Article 25

Le preneur peut sous-louer et même céder son bail à un autre, si cette faculté ne lui a pas été interdite par le contrat. Dans ce cas, la cession et la sous-location sont conclues pour une durée inférieure ou égale à celle restant à courir pour le bail cédé ou pour le bail du preneur principal et aux mêmes conditions.

Article 26

Le contrat de sous-location peut être renouvelé, à la demande du sous-locataire, dans les mêmes conditions que celles du contrat principal.

Chapitre VII : De la cessation du bail

Article 27

En cas de décès du bailleur ou du preneur, le bail continue à produire ses effets à l'égard de leurs héritiers respectifs, sauf intervention de l'une des causes de cessation de bail énumérées à l'article 28 de la présente Loi. Pour la poursuite du bail, les héritiers sont représentés par le liquidateur.

Article 28

Le bail prend fin : 1. à l'expiration du terme convenu ; 2. sans délai ni toute autre condition, en cas de commun accord des parties ; 10 3. à l'initiative de l'une des parties moyennant préavis ; 4. par la perte de l'immeuble loué ; 5. en cas de force majeure ayant rendu l'immeuble inhabitable.

Article 29

Le preneur s'expose à une résiliation de plein droit du bail par le bailleur ou son représentant en cas de : sous-location non autorisée, changement de destination des lieux loués, tentative ou complicité de spoliation, non- paiement du loyer atteignant au moins trois mois.

Article 30

Sans préjudice des dispositions de l'article 28 ci-dessus, tout contrat de bail à durée indéterminée ne peut être résilié qu'après un préavis de : 1. trois mois pour le bail résidentiel ; 2. six mois pour le bail socioculturel.

Article 31

Si, à l'expiration du préavis, le preneur n'a pas trouvé logement, les délais ci-dessus sont prorogés d'un mois, pour le bail résidentiel ou de quatre mois, pour le bail socioculturel.

Article 32

Pendant le délai de préavis, de prorogation ou de mise en demeure, le preneur paye le loyer. La saisine du service compétent prévu à l'article 34 de la présente loi ne commence qu'après une mise en demeure de quinze jours pour le bail résidentiel et de deux mois pour le bail socioculturel.

Article 33

Un arrêté du ministre ayant les baux à loyer dans ses attributions réglemente la procédure de préavis.

Chapitre VIII : Du règlement des différends

Section 1ère : De la conciliation

Article 34

Tout différend entre le bailleur et le preneur est réglé à l'amiable. En cas de désaccord, la partie lésée peut saisir le service compétent du ressort qui siège dans les soixante-douze heures qui suivent sa saisine. La saisine du service compétent ne commence qu'après mise en demeure de quinze jours pour le bail résidentiel et de deux mois pour le bail socioculturel. En cas d'accord, ce service compétent établit un procès-verbal de conciliation. En cas d'échec, il dresse un procès-verbal de non conciliation qui permettra à la partie la plus diligente de saisir le tribunal compétent.

Article 35

Un arrêté du ministre ayant les baux à loyer dans ses attributions détermine et organise le service prévu à l'article 34 de la présente loi.

Section 2 : Du règlement judiciaire

Article 36

Les litiges entre bailleur et preneur ne sont pas recevables devant les tribunaux s'ils n'ont pas été préalablement soumis à la procédure de conciliation devant le service compétent, à l'initiative de l'une des parties.

Article 37

Les litiges prévus à l'article 36 de la présente loi sont portés devant le tribunal compétent dans les six mois à dater de l'établissement du procès-verbal de non conciliation. La juridiction saisie statue à bref délai. La décision rendue en matière de libération des lieux est exécutoire nonobstant tout recours.

Article 38

Le preneur est tenu de payer le loyer et charges pendant la période du règlement des différends.

Chapitre IX : Des sanctions pénales et civiles

Article 39

Tout bailleur qui perçoit une garantie locative supérieure à trois mois pour le bail résidentiel ou à six mois pour le bail socioculturel, est puni d'un à trois mois de servitude pénale principale et d'une amende allant de trois à six mois de loyer ou d'une de ces peines seulement.

Article 40

Le bailleur qui ne respecte pas le délai de préavis, prévu à l'article 30 de la présente loi, est puni d'un à trois mois de servitude pénale principale et d'une amende allant de trois à six mois de loyer ou d'une de ces peines seulement.

Article 41

Le défaut d'enregistrement du bail ou de son avenant dans le délai prévu à l'article 3 de la présente loi, entraîne le paiement, outre les frais d'enregistrement, d'une pénalité équivalant à un mois de loyer, à raison de la moitié par chaque partie.

Article 42

Toute agence immobilière qui n'a pas fait enregistrer un contrat de bail dont elle a facilité la conclusion, paie, outre les frais d'enregistrement, une pénalité équivalant à un mois de loyer.

Article 43

Les parties à un bail conclu en violation des articles 3, 5, 18, 22, 27 ou 32 de la présente loi sont punies d'une servitude pénale principale d'un à trois mois et d'une amende équivalant à un mois de loyer ou d'une de ces peines seulement. Les peines prévues à l'alinéa précédent s'appliquent également à tout agent qui aura procédé à l'enregistrement d'un tel contrat.

Article 44

Quiconque occupe un immeuble d'autrui sans l'accord préalable du propriétaire ou en dehors d'un contrat de bail, est puni d'un an à deux ans de servitude pénale principale et d'une amende de 250.000 francs congolais ou d'une de ces peines seulement.

Article 45

Les agents dûment habilités du ministère ayant les baux à loyer dans ses attributions, revêtus de la qualité d'officier de police judiciaire, sont chargés de rechercher et de constater les infractions à la présente loi.

Chapitre X : Des dispositions transitoires, abrogatoires et finales

Article 46

Les pénalités prévues par la présente loi seront d'application six mois après sa publication au Journal officiel.

Article 47

Les dispositions de la présente loi ne portent pas atteinte à la validité des contrats conclus antérieurement à la date de son entrée en vigueur. Les parties à ces contrats disposent d'un délai de six mois à compter de l'entrée en vigueur de la présente loi, pour les rendre conformes aux nouvelles dispositions. Les parties à un contrat verbal, antérieur à la présente loi, qui omettent de le convertir en contrat écrit dans les six mois qui suivent la publication au Journal officiel de la présente loi, payent, outre les frais d'enregistrement, une pénalité équivalant à un mois de loyer à raison de la moitié par chaque partie. Dans ce cas, le loyer est fixé par le service compétent en matière des baux à loyer en tenant compte des usages.

Article 48

Toutes les dispositions antérieures contraires à la présente loi sont abrogées.

Article 49

La présente loi entre en vigueur à la date de sa promulgation.

Fait à Kinshasa, le 31 décembre 2015

Joseph KABILA KABANGE

Pour copie certifiée conforme à l'original Le 31 décembre 2015 Le Cabinet du Président de la République

Néhémie MWILANYA WILONDJA

Directeur de Cabinet

Annexe numéro 2

19 novembre 2018. – DÉCRET n° 18/033 portant création, organisation et fonctionnement d'un établissement public dénommé Fonds national de l'habitat en sigle « Fonhab » (J.O.RDC., 15 décembre 2018, n° 24, col. 19)

Le Premier ministre,

Vu la Constitution telle que modifiée par la loi 11-002 du 20 janvier 2011 portant révision de certains articles de la Constitution de la République démocratique du Congo du 18 février 2006, spécialement ses articles 48 et 92 alinéas 1, 2 et 4;

Vu la loi 73-021 du 20 juillet 1973 portant régime général des biens, régime foncier et immobilier et régime des sûretés telle que modifiée et complétée par la loi 80-008 du 18 juillet 1980 ;

Vu la loi 08-009 du 7 juillet 2008 portant dispositions générales applicables aux établissements publics ; Vu l'ordonnance 17-004 du 7 avril 2017 portant nomination d'un Premier ministre ;

Vu l'ordonnance 17-005 du 8 mai 2017 portant nomination des vice-premiers ministres, des ministres d'État, des ministres, des ministres délégués et des vice-ministres telle modifiée et complétée par l'ordonnance 18-014 du 15 février 2018 portant réaménagement technique du Gouvernement ;

Vu l'ordonnance 17-024 du 10 juillet 2017 portant organisation et fonctionnement du Gouvernement, modalités de collaboration entre le président de la République et le Gouvernement ainsi qu'entre les membres du Gouvernement ;

Vu l'ordonnance 17-025 du 10 juillet 2017 fixant les attributions des ministères ; Considération la volonté du Gouvernement de favoriser la construction des unités de logement dans le respect des normes urbanistiques et de procurer un logement décent à tout congolais vu le déficit aussi important des logements décents ;

Considérant le coût financier très élevé pour la construction des millions des unités de logement à travers le pays qui nécessite une grande mobilisation des ressources tant locales qu'externes; Considérant les recommandations du « Plan d'action national pour l'habitat » prises au mois de mai 2001, du « Rapport habitat III » validé en octobre 2015 ainsi que le « Plan national stratégique pour le développement 2017-2021 » qui prévoit la création des agences dans le secteur de l'urbanisme et habitat;

Sur proposition du ministre de l'Urbanisme et Habitat ;

Le Conseil des ministres entendu ;

Décrète :

Titre I : des dispositions générales

Chapitre Ier De la création, du siège social et de l'objet social

Art. 1er. Il est créé un établissement public à caractère social et culturel dénommé « Fonds national de l'habitat » Fonhab en sigle doté de la personnalité juridique et de l'autonomie financière. Il est régi par les dispositions de la loi 08-009 du 7 juillet 2008 portant dispositions générales applicables aux établissements publics ainsi que par le présent décret. Le Fonhab est placé sous la tutelle du ministre ayant l'habitat dans ses attributions.

Chapitre II. Du siège social

Art. 2. Le siège social du Fonds national de l'habitat (Fonhab) est établi à Kinshasa. Il est peut-être transféré en tout autre lieu de la République démocratique du Congo par décret du Premier ministre, sur proposition du ministre ayant l'habitat dans ses attributions, à la demande du conseil d'administration. Il exerce ses activités sur toute l'étendue du territoire national. Des agences peuvent être créées en tous autres lieux de la République par décision du conseil d'administration après l'approbation de l'autorité de tutelle.

Chapitre III. De l'objet social

Art. 3. Le Fonds national de l'habitat (Fonhab) a pour objet de promouvoir la construction de logements sociaux. À ce titre, il a pour missions de :

- Collecter les fonds destinés au financement des activités dans le secteur de l'habitat ;
- Financer la construction par l'État des logements à prix abordable chaque année ; - accorder des aides financières aux propriétaires pour la réalisation des travaux lourds ou d'amélioration de leurs habitats ;
- Promouvoir le partenariat public privé (PPP) dans le domaine de l'habitat ;
- Soutenir l'installation d'un guichet unique en vue de réduire les procédures administratives de l'obtention des documents ayant trait à l'urbanisme et habitat ;
- Faciliter la mise en place d'un réseau informatisé de communication entre les différentes administrations du secteur foncier ;
- Accompagner les coopératives et mutuelles évoluant dans le secteur de l'habitat en vue de fournir des logements à standing économique et très économiques ;
- Appuyer la vulgarisation des textes légaux et réglementaires en matière de l'habitat ;
- Accompagner les villes à se doter des instruments de planification ;
- Appuyer les producteurs des matériaux locaux de constructions et divers matériels ;
- Appuyer les promoteurs immobiliers du secteur privé.

Titre II. Du patrimoine et des ressources

Chapitre 1er. Du patrimoine

Art. 4. Le patrimoine du Fonds national de l'habitat (Fonhab) est constitué par une dotation initiale que l'État lui apporte pour la réalisation de son objet social. Il est constitué également de tout équipement matériel, et autres biens acquis dans le cadre de l'exécution de sa mission.

Chapitre II Des ressources

Art. 5. Sans préjudice des dispositions légales contraires, les ressources du Fonds sont constituées :

- De la dotation initiale mise à la disposition par l'État ;
- Des dotations du budget de l'État ;
- Du produit de la cession des terrains à bâtir aux particuliers, aux sociétés publiques et privées ;
- Du produit des placements du Fonds national de l'habitat (Fonhab) ;
- Du préfinancement des accédants ;
- Du partenariat innovant : promoteurs publics et privés ;
- De la création des sociétés de construction d'économie mixte ;
- De la quotité sur les actes administratifs du secteur foncier, de l'urbanisme et de l'habitat (à fixer par arrêté des ministres ayant les finances et l'urbanisme et habitat dans leurs attributions) ;
- De la souscription volontaire à la consignation de la garantie locative des partenaires privés ;
- Du prélèvement d'une parafiscalité sur les produits de grande consommation en accord avec les partenaires socioéconomiques ;
- Du prélèvement d'une parafiscalité sur les matériaux locaux de construction et autres matériels en accord avec les partenaires socio-économiques ;
- Des dons et legs des partenaires au développement, institutions financières ; - des produits de location (habitation à loyer modéré « HLM ») ;
- Des garanties locatives des maisons de l'État ;
- De la quotité des loyers des maisons de l'État à fixer par arrêté des ministres ayant les finances et l'urbanisme et habitat dans leurs attributions ;
- Des dotations de l'État sous forme d'émission d'emprunt obligataire, destinées à des prêts pour le financement d'équipements, notamment d'industries de production de matériaux de construction ;
- Et toutes autres recettes qui pourraient lui être affectées.

Art. 6. Le Fonds national de l'habitat (Fonhab) est autorisé à ouvrir en son nom des comptes auprès des banques commerciales pour loger le produit des cessions visées à l'article précèdent. Ces comptes fonctionnent uniquement en recettes et ne peuvent être débités qu'au profit du compte Fonds national de l'habitat (Fonhab) ouvert dans les écritures de la Banque centrale du Congo.

Art. 7. Les dépenses du Fonds national de l'habitat (Fonhab) sont constituées notamment par: - les frais afférents à la libération des sols et à la purge des droits de toute nature qui les grèvent, cela à fonds perdus s'agissant des projets initiés sur fonds publics, et à titre de crédits remboursables s'agissant des agences foncières et immobilières du secteur public ou privé; - les coûts des études et travaux d'aménagement et d'équipement des terrains à bâtir et des programmes des logements sociaux, cela à fonds perdus s'agissant des projets initiés sur fonds publics, et à titre de crédits remboursables s'agissant des agences foncières et immobilières du secteur public et privé sous réserve du respect des prescriptions techniques de l'urbanisme; - le financement de l'écart entre le loyer financier des prêts octroyés et le taux d'effort des ménages à bas revenu; - la rémunération des agences privées spécialement agréées par le ministère ayant l'habitat dans ses attributions pour assurer la commercialisation des terrains et des logements initiés sur fonds publics; - les frais de son fonctionnement.

Art. 8. Les interventions du Fonds national de l'habitat (Fonhab) sont notamment déterminées par : - la politique de l'habitat et de l'urbanisme arrêtée par le gouvernement ; - les résultats des études de marché visant à adopter les prestations et les coûts à la solvabilité des ménages ; - le rythme de commercialisation des terrains et des logements sociaux et des recouvrements ; - l'équilibre financier du Fonds national de l'habitat (Fonhab).

Art. 9. Les contrats de prêts consentis sur les ressources du Fonds national de l'habitat (Fonhab) sont dispensés des droits de timbre et d'enregistrement.

Art. 10. Les sûretés hypothécaires conférées à l'occasion des prêts accordés sur les ressources du Fonds national de l'habitat (Fonhab) sont inscrites ou radiées à la Conservation des titres immobiliers moyennant le paiement d'un droit égal au taux maximum d'un franc fiscal congolais.

Titre III Des structures, de l'organisation et du fonctionnement

Chapitre Ier Des structures

Art. 11. Les organes de gestion du Fonds national de l'habitat (Fonhab) sont composés : - du conseil d'administration ; - de la direction générale ; - du collège des commissaires aux comptes.

Chapitre II De l'organisation et du fonctionnement

Section 1re Du conseil d'administration

Art. 12. Le conseil d'administration est l'organe de conception, d'orientation, de contrôle et de décision du Fonhab. Il définit la politique générale, détermine le programme du Fonhab, arrête le budget et approuve les états financiers de fin d'exercice.

Art. 13. Le conseil d'administration est constitué de cinq membres en ce compris le directeur général, comme suit : - un délégué du ministère de l'Urbanisme et Habitat ; - un délégué du ministère de la Décentralisation ; - un délégué du ministère des Affaires foncières ; - un délégué du ministère des Finances ; - le directeur général. Il peut être invité aux réunions du conseil d'administration les délégués des ministères et institutions dont l'expertise s'avère nécessaire.

Art. 14. Les membres du conseil d'administration sont nommés, relevés de leurs fonctions et, le cas échéant, révoqués par le président de la République, sur proposition du Gouvernement, délibérée en Conseil des ministres. Le mandat des membres du conseil d'administration est de cinq ans renouvelable une fois. Le président de la République nomme, parmi les membres du conseil d'administration, un président autre qu'un membre de la direction générale. Nul ne peut détenir plus d'un mandat d'administrateur.

Art. 15. Le conseil d'administration se réunit trimestriellement en séance ordinaire, sur convocation de son président. Il peut être convoqué en séance extraordinaire par son président, sur un ordre du jour déterminé, à la demande du ministre en charge de l'Habitat, chaque fois que l'intérêt de l'établissement l'exige. L'ordre du jour des réunions est arrêté par le président du conseil d'administration et peut être complété par toute question dont la majorité des membres du conseil demande l'inscription. Un règlement intérieur dûment approuvé par le ministre ayant l'habitat dans ses attributions détermine les modalités de fonctionnement du conseil d'administration.

Art. 16. Les membres du conseil d'administration perçoivent, à charge du Fonhab, un jeton de présence dont le montant est déterminé par décret du Premier ministre délibéré en Conseil des ministres sur proposition du ministre de tutelle.

Section 2 De la direction générale

Art. 17. La direction générale est l'organe de gestion du Fonhab. À ce titre, elle exécute les décisions du conseil d'administration et assure la gestion journalière du Fonhab. Elle exécute le budget, élabore les états financiers et dirige l'ensemble des services techniques, financiers et administratifs. Elle représente le Fonds vis-à-vis de tiers. À cet effet, elle a tous les pouvoirs nécessaires pour assurer la bonne marche du Fonhab et pour agir en toutes circonstances en son nom.

Art. 18. Le Fonhab est géré par un directeur général, assisté d'un directeur général adjoint, tous nommés et relevés de leurs fonctions et, le cas échéant révoqués par le président de la République, sur proposition du Gouvernement délibérée en Conseil des ministres. Le directeur général et le directeur général adjoint sont nominés pour un mandat de cinq (5) ans renouvelable une fois. Ils ne peuvent être suspendus à titre conservatoire que par arrêté du ministre de tutelle qui en informe le Gouvernement.

Art. 19. Les actions judiciaires tant en demande qu'en défense sont introduites et/ou soutenues au nom du Fonhab par le directeur général, à défaut, par le directeur général adjoint ou toute autre personne mandatée à cette fin par lui.

Art. 20. La direction générale établit un rapport trimestriel d'activités et de gestion du Fonds national de l'habitat (Fonhab) à l'intention des membres du conseil d'administration. Section 3 Du collège des commissaires aux comptes

Art. 21. Le collège des commissaires aux comptes assure le contrôle des opérations financières du Fonhab. Il est composé de deux personnes issues de l'ordre des experts comptables de la République démocratique du Congo. Les commissaires aux comptes sont nommés par décret du Premier ministre, délibéré en Conseil des ministres, sur proposition du ministre ayant l'habitat dans ses attributions, pour un mandat de cinq ans non renouvelable. Toutefois, ils peuvent être relevés de leurs fonctions, pour faute constatée dans l'exécution de leur mandat. Ils ne peuvent prendre individuellement aucune décision.

Art. 22. Les commissaires aux comptes ont, en collège ou séparément, un droit illimité de surveillance et de contrôle sur toutes les opérations du Fonhab. À cet égard, ils ont mandat de vérifier les livres, la caisse, le portefeuille et les valeurs de l'établissement, de contrôler la régularité et la sincérité des inventaires et des états financiers ainsi que l'exactitude des informations données sur les comptes de l'établissement dans les rapports du conseil d'administration. Ils peuvent prendre connaissance, sans les déplacer, des livres, de la correspondance, des procès-verbaux et généralement de toutes les écritures de l'établissement. Ils rédigent, à cet égard, un rapport annuel à l'attention du ministre en charge de l'Habitat. Dans ce rapport, ils font connaître le mode d'après lequel ils ont contrôlé les inventaires et signalent les irrégularités et les inexactitudes éventuelles. Ils font toutes propositions qu'ils jugent convenables.

Art. 23. Dans l'exercice de leurs missions, les commissaires aux comptes sont soumis aux mêmes conditions et aux mêmes incompatibilités que celles prévues pour les administrateurs.

Art. 24. Les commissaires aux comptes reçoivent, à charge du Fonhab, une allocation fixe dont le montant est déterminé par décret du Premier ministre, délibéré en Conseil des ministres. Section 4 Des incompatibilités

Art. 25. Le directeur général et le directeur général adjoint ainsi que les administrateurs ne peuvent prendre part, directement ou indirectement aux marchés publics conclus avec le Fonds à leurs propres bénéfices ou aux bénéfices des entreprises dans lesquelles ils ont des intérêts.

Art. 26. Dans l'exercice de leurs missions, les commissaires aux comptes sont soumis aux mêmes conditions et incompatibilités que celles prévues pour les administrateurs.

Titre IV De la tutelle

Art. 27. Le Fonds national de l'habitat (Fonhab) est placé sous la tutelle du ministre ayant l'habitat dans ses attributions.

Art. 28. Le ministre ayant l'habitat dans ses attributions exerce son pouvoir de tutelle par voie d'autorisation préalable, par voie d'approbation ou par voie d'opposition.

Art. 29. Sont soumis à l'autorisation préalable : - les acquisitions et aliénations immobilières ; - les emprunts à plus d'un an de terme ; - les prises et cessions de participation financière ; - l'établissement d'agence et bureau à l'étranger ; - les marchés des travaux et des fournitures d'un montant supérieur ou égal à 500.000.000 CDF. Le montant prévu à l'alinéa précédent peut être actualisé par arrêté du ministre ayant les finances dans ses attributions.

Art. 30. Sont soumis à l'approbation : - le cadre organique ; - le budget du Fonds arrêté par le conseil d'administration sur proposition de la direction générale ; - le statut du personnel fixé par le conseil d'administration sur proposition de la direction générale ; - le barème de rémunération du personnel ainsi que les modifications subséquentes ; - le rapport annuel d'activités ; - le règlement intérieur du conseil d'administration.

Art. 31. Le ministre de tutelle reçoit les convocations aux réunions du conseil d'administration et dans les conditions qu'il fixe, les copies des délibérations du conseil d'administration. Les délibérations et les décisions qu'elles entraînent ne sont exécutoires que dix (10) jours francs après leur réception par l'autorité de tutelle, sauf si celle-ci déclare en autoriser l'exécution immédiate. Pendant ce délai, l'autorité de tutelle a la possibilité de faire opposition à l'exécution de toute délibération ou décision qu'elle juge contraire à la loi, à l'intérêt général ou à l'intérêt particulier du Fonds. Lorsqu'elle fait opposition, elle notifie celle-ci par écrit au président du conseil d'administration ou au directeur général du fonds suivant le cas et fait rapport au Premier ministre. Si le Premier ministre n'a pas rejeté l'opposition dans le délai de quinze (15) jours francs à dater de la réception du rapport dont question à l'alinéa précédent, l'opposition devient exécutoire.

Art. 32. Un arrêté du ministre ayant l'habitat détermine dans le cadre des objectifs des plans de développement en matière d'habitat, les programmes des logements sociaux et les fonds nécessaires à leur réalisation. Titre V De l'organisation financière

Art. 33. L'exercice comptable du Fonhab commence le 1er janvier et se clôture le 31 décembre de la même année.

Art. 34. Les comptes du Fonhab sont tenus conformément à la législation comptable en vigueur en République démocratique du Congo.

Art. 35. Le budget du Fonhab est arrêté par le conseil d'administration et soumis à l'approbation du ministre de la tutelle conformément à l'article 40 du présent décret. Il est exécuté par la direction générale.

Art. 36. Le budget de Fonhab est subdivisé en budget d'exploitation et en budget d'investissement. Le budget d'exploitation comprend :

1. En recettes :
- Les ressources d'exploitation ;
- Les ressources diverses et exceptionnelles.

2. En dépense :
- Les dépenses de promotion de l'habitat ;
- Les charges d'exploitation ;
- Les charges du personnel (y compris les dépenses de formation professionnelle et autres dépenses faites dans l'intérêt du personnel) ;
- Les charges fiscales ;
- Toutes autres charges financières. Le budget d'investissement comprend : 1. En dépense : - les frais d'acquisition, de renouvellement ou de développement des immobilisations affectées aux activités professionnelles ; - les frais d'acquisition des immobilisations de toute nature non destinées à être affectées à ces activités (participations financières, immeubles d'habitation).

3. En recettes: - les ressources prévues pour faire face à des dépenses, notamment les apports nouveaux de l'État; - les subventions d'équipement de l'État, les emprunts, les excédents des recettes d'exploitation sur les dépenses de même nature et les revenus divers; - les prélèvements sur les avoirs placés; - du produit de la cession des terrains à bâtir aux particuliers, aux sociétés publiques et privées; - du produit des placements du Fonds national de l'habitat (Fonhab); - du préfinancement des accédants; - du partenariat innovant: promoteurs publics et privés; - de la quotité sur les actes administratifs du secteur foncier, de l'urbanisme et de l'habitats (à fixer par arrêté des ministres ayant les finances et l'urbanisme et habitat dans leurs attributions); - de la souscription volontaire à la consignation de la garantie locative des partenaires privés; - du prélèvement d'une parafiscalité sur les produits de grande consommation en accord avec les partenaires socioéconomiques; - du prélèvement d'une parafiscalité sur les matériaux locaux de construction et autres matériels en accord avec les partenaires socio-économiques; - des dons et legs des partenaires au développement, institutions financières; - des produits de location (habitation à loyer modéré « HLM »); - des garanties locatives des maisons de l'État; - de la quotité

des loyers des maisons de l'État à fixer par arrêté des ministres ayant les finances et l'urbanisme et habitats dans leurs attributions; - des dotations de l'État sous forme d'émission d'emprunt obligataire, destinées à des prêts pour le financement d'équipements, notamment d'industries de production de matériaux de construction; - les cessions des biens et toutes autres ressources autorisées à cet effet par le conseil d'administration.

Art. 37. Conformément au calendrier d'élaboration du projet de budget de l'État arrêté par le Gouvernement, chaque année au plus tard le 15 juillet, le directeur général soumet un projet de budget de recettes et de dépenses pour l'exercice suivant à l'approbation du conseil d'administration, et par la suite à celle du ministère de tutelle au plus tard le 15 août de l'année qui précède celle à laquelle il se rapporte.

Art. 38. La comptabilité du fonds est organisée et tenue de manière à : - connaître et contrôler les opérations des charges et pertes, des produits et profits ; - connaître la situation patrimoniale du fonds ; - déterminer les résultats.

Art. 39. À la fin de chaque exercice comptable, le directeur général élabore : - un état d'exécution du budget, lequel présente, dans des colonnes successives, les prévisions des recettes et des dépenses, les réalisations des recettes et des dépenses, les écarts entre les prévisions et les réalisations ; - un rapport dans lequel il fournit tous les éléments d'information sur les activités du fonds au cours de l'exercice écoulé. Ce rapport doit indiquer le mode d'évaluation des différents postes de l'actif du bilan et, le cas échéant, les motifs pour lesquels les méthodes d'évaluation précédemment adoptées ont été modifiées. Il doit en outre, contenir les propositions de la direction générale concernant l'affectation du résultat.

Art. 40. L'inventaire, le bilan, le tableau de formation du résultat et le rapport de la direction générale sont mis à la disposition des commissaires aux comptes, au plus tard le 15 mai de l'année qui suit celle à laquelle ils se rapportent. Les mêmes documents ainsi que le rapport des commissaires aux comptes sont transmis à l'autorité de tutelle, au plus tard le 30 mai de la même année.

Art. 41. Le résultat net de l'exercice est constitué par la différence entre d'une part, les produits et profits, et, d'autre part, les charges et pertes.

Titre VI
De l'organisation des marchés de travaux et de fournitures

Art. 42. Les marchés de travaux et de fournitures sont passés conformément à la législation en vigueur.

Titre VII Du personnel

Art. 43. Le cadre organique déterminant le statut du personnel du Fonhab sont fixés par le conseil d'administration sur proposition de la direction générale. Il détermine notamment, les grades, les conditions de recrutement, la rémunération, les règles d'avancements, la discipline et les voies de recours. Dans la fixation du statut du personnel, le conseil d'administration est tenu de veiller à la sauvegarde de l'intérêt général et d'assurer le fonctionnement sans interruption du service public.

Art. 44. Le personnel du Fonds exerçant un emploi de commandement est nommé, affecté, promu et, le cas échéant, licencié ou révoqué par le Conseil d'administration, sur proposition de la direction générale, tandis que le personnel de collaboration et d'exécution est nommé, affecté, promu et le cas échéant, licencié ou révoqué par le directeur général. Le personnel du Fonds est recruté sur concours par le directeur général. La qualité des membres du personnel du Fonds est incompatible avec celle des fonctionnaires de l'État en activité de service.

Art. 45. Les infractions des employeurs aux dispositions du présent décret sont constatées et réprimées conformément aux lois et règlements en vigueur.

Titre VIII Du régime douanier, fiscal et parafiscal

Art. 46. Sans préjudice des dispositions légales contraires, le Fonds bénéficie du même traitement que l'État pour toutes ses opérations, en ce qui concerne les impôts, droits et taxes effectivement mis à sa charge. Toutefois le Fonds est tenu de collecter les impôts, droits, taxes et redevances dont il est redevable et de les verser au Trésor public ou à l'entité compétente.

Titre IX De la dissolution

Art. 47. Le Fonds national de l'habitat (Fonhab) est dissout par décret du Premier ministre délibéré en Conseil des ministres, conformément aux dispositions des articles 32 et 33 de la loi 08-009 du 7 juillet 2008 portant dispositions générales applicables aux établissements publics. Le décret du Premier ministre prononçant la dissolution fixe les règles relatives à la liquidation.

Titre X Des dispositions finales

Art. 48. Sont abrogées toutes les dispositions antérieures contraires au présent décret.

Art. 49. Le ministre de l'Urbanisme et Habitat est chargé de l'exécution du présent décret qui entre en vigueur à la date de sa signature.

Fait à Kinshasa, le

19 novembre 2018.

Bruno Tshibala Nzenzhe

Joseph Kokonyangi Witanene

Ministre de l'Urbanisme et Habitat

Bibliographie

I. Constitution

- Constitution de la République démocratique du Congo, modifiée par la loi n° 11/002 du 20 janvier 2011 portant révision de certains articles de la Constitution de la République démocratique du Congo du 18 février 2006, JO RDC, 52e année, n° spécial, 5 février 2011.

II. Législation congolaise

1) Textes législatifs

- Code civil congolais LIII
- Loi n°15/025 du 31 décembre 2015 relative aux baux à loyer non professionnels

2) Textes réglementaires

- Arrêté ministériel n°52/CAB/MIN-UH/2018 portant instauration d'un contrat de bail type en République démocratique du Congo (J.O.RDC., 1er février 2019, n°3, col.79)
- Décret n°18/033 du 18 novembre 2018, instituant le Fonds national d'habitat

III. Législations internationales et étrangères

1) Législations internationales

- Convention internationale sur l'élimination de toutes les formes de discrimination raciale, 7 mars 1966, 660 R.T.N.U. 195 (entrée en vigueur : 4 janvier 1969).
- Convention no 169 relative aux peuples indigènes et tribaux dans les pays indépendants, OIT, 27 juin 1989, 28 I.L.M. 1382 (entrée en vigueur : 5 septembre 1991). Cette convention a été adoptée par l'Assemblée générale des Nations Unies le 13 septembre 2007 ;
- Convention sur l'élimination de toutes les formes de discrimination à l'égard des femmes, 18 décembre 1979, 1249 R.T.N.U. 13 (entrée en vigueur : 3 septembre 1981).

- Déclaration de la Conférence de Vienne,

- Déclaration Universelle de Droits de l'Homme 1948
- Pacte international relatif aux droits économiques, sociaux et culturels 1966
- Protocole facultatif se rapportant au PIDESC.
- 2) Législations étrangères
- Code civil français
- Charte canadienne
- Code de commerce français
- Code civil burundais LIII dans son article 385 infine l'art.3 de l'A.L. n°001 /28 du 13 avril 1966(B.O.b. p.223)

IV. Jurisprudence étrangère

- DC du 16 janvier 1982, no 81-132, Loi de nationalisation
- Décis. n°98-403 DC, 29 juill.1998.

V. Ouvrages

1) Ouvrages généraux

- C. GOLAY et M. OZDEN, DROIT *au logement*, Centre Europe-Tiers Monde (CETIM), Genèse, Août 2007.
- Emil Vierdag, « The Legal Nature of the Rights Granted by the UN Covenant on Economic, Social and Cultural Rights » (1978) 9 Netherlands Yearbook of International Law 69.
- G. CORNU, *Vocabulaire juridique*, Ed. PUF, Paris, 2018.
- Georges Lebel, « La Déclaration universelle a soixante ans », [2008] Bulletin de la Ligue des droits et libertés.
- GUINCHARD S. et DEBARD Th., *Lexique des termes juridiques*, 22e éd., Dalloz, Paris, 2014.
- J. MOBUTU SESE SEKO, *Manifeste de la N'sele*, Forcad ,kin, 1984,
- M. KATCHY, *Les contrats spéciaux*, Première édition CREFIDA, Kinshasa, 2015.
- MANTEMPA NZINUNU, J., *Facteurs associés à l'accès d'un logement décent dans les milieux urbains*

congolais, Revues universitaire, UNIKIN, Kinshasa, 2015
- P. MALAURIE, L. AYNÈS, P. YVES GAUTIER, *Droit des contrats spéciaux*, 8è édition LGDJ, Paris, 2016.
- Paul Hunt, « Reclaiming Economic, Social and Cultural Rights » (1993) 1 Waikato L. Rev. 141.
- Vincent ZOMA et Nadaogo NAKANABO, *L'habitat informel en Afrique*, Grin Verlag 2022, 9783346799326, Hal-03955100 2022.
- Zattara Anne-Françoise, *La Dimension constitutionnelle et européenne du droit de propriété*, Paris, LGDJ, « Bibliothèque de droit privé », 2001,

2) Ouvrages spécifiques
- ALSTON P. et WEILER J.H.H. (2001), « Une Union encore plus proche du besoin de politique des droits de l'Homme », in Philip Alston (Éd.), *L'Union européenne et les droits de l'homme*, Bruxelles, Bruylant.
- BAJOIT Guy (2003), *Le changement social. Approche sociologique des sociétés occidentales contemporaines*, Paris, Armand Colin.
- BATTAINI-DRAGONI Gabriella, DOMINIONI Stefano (2003), « Le droit au logement : pierre angulaire de la stratégie de cohésion sociale du Conseil de l'Europe », *Bulletin de la Fédération européenne d'associations nationales travaillant avec les sans-abri (FEANTSA)*, « Le droit au logement », automne 2003 (www. feantsa. org), p. 7-10.
- Bureau du haut-commissaire des droits de l'homme, *Le droit à un logement suffisant (art. 11, §1 du Pacte)*, Observation générale n° 4, sixième session, U.N. Doc. E/CN.4/1991/4,13 décembre 1991 (www. onu. org), consulté le 20 janvier 2006.
- CECODHAS, Observatoire européen de l'habitat social, *Le logement social dans l'Union européenne. Pour une sécurité juridique pour les autorités locales, les fournisseurs de logements sociaux et plusieurs millions de ménages européens*, Rapport à la Commission européenne, Bruxelles, mars 2005.

- Code Économie (2004), *Convention du 4 novembre 1950. Sauvegarde des droits de l'homme et des libertés fondamentales, signé à Paris le 20 mars 1952, approuvé par la loi du 13 mai 1955 (M.B. 19 août 1955, err. M.B. 29 juin 1961)*, Bruxelles, La Charte.
- Conseil de l'Europe, *Digest de jurisprudence du comité européen des droits sociaux*, mars 2005 (www. coe. int. org), consulté le 27 janvier 2006.
- DELPEREE Francis (2006), *La Constitution de 1830 à nos jours*, Bruxelles, Racine.
- DOHERTY Joe, DE DECKER Pascal, BUSCH-GERRTSEMA Volker, O'SULLIVAN Eoin, SAMLIN Ingrid, TOSI Antonio, PATARI John (2004), *Face au sans abrisme en Europe ; l'évolution du rôle de l'État : l'État et le marché du logement en Europe*, Bruxelles, FEANTSA.
- Fédération européenne d'associations nationales travaillant avec les sans-abri (FEANTSA), *Documents politiques de la Feantsa : promouvoir l'inclusion sociale par l'accès au logement*, Bruxelles, FEANTSA, octobre 2001.
- Fédération européenne d'associations nationales travaillant avec les sans-abri (FEANTSA), *Le droit au logement*, Bulletin, automne 2003.
- GHEKIERE Laurent (juillet 2003), « Politiques du logement en Europe. Un processus de décentralisation largement partagé », *Territoire*, n° 8, p. 37-45.
- Forum européen du logement, *Projet de Charte des droits fondamentaux de l'Union européenne*, Charte 4242/00, Contrib. 115, Bruxelles, 19 avril 2000.
- Haut-commissaire des Nations unies aux droits de l'homme, Résolution de la Commission des droits de l'homme, *Le logement convenable en tant qu'élément du droit à un niveau de vie suffisant* (www. unchr. ch/ huridoca/ Huridoca. nsf/ TestFrame), consulté le 20 janvier 2006.

- KENNA Padraic (2004), *Le logement dans les outils du droit international*, Faculté de Droit de Galway, Université nationale d'Irlande.
- KENNA Padraic (2003), « Les droits de l'homme : une approche nouvelle », *Bulletin de la Fédération européenne d'associations nationales travaillant avec les sans-abri* (FEANTSA), « Le droit au logement », automne 2003 (www. feantsa. org), p. 4-6, consulté le 15 janvier 2006.
- Le HARDY de BEAULIEU Louis (2002), *L'Union européenne. Introduction à l'étude de l'ordre juridique et des institutions communautaires*, Namur, Presses Universitaires de Namur, 2e édition.
- NOËL Françoise (2003), *Mise en perspective du dossier logement dans les affaires européennes*, in Institut de sociologie de l'université Libre de Bruxelles, Année sociale 2002, Bruxelles, De Boeck, p. 250-259.
- Observatoire européen du logement social (2005), *Le logement social dans l'Union européenne 2005 : statistiques et politiques clés par pays* (http:// cecodhas. org/ observatory), consulté le 25 janvier 2006.
- ODERZO Jean-Claude (2001), « Le droit au logement dans les constitutions des États membres », *Revue Internationale de Droit Comparé (RIDC)*, Cahors, Société de législation comparée, n° 4, octobre-décembre, p. 913-926.Consulter
- Parlement européen, *Charte des droits fondamentaux de l'Union européenne. Article 34 : Sécurité sociale et aide sociale* (www. europarl. eu. int/ comparl/ libe/ libe/ elsj/ charter/ art34/ default_fr. htm), consulté le 20 janvier 2006.
- QUINN G. (2001), « Les droits de l'homme des défavorisés », in Philip ALSTON (Éd.), *L'Union européenne et les droits de l'homme*, Bruxelles, Bruylant.
- RAJINDAR Sachar (1994), *Le droit à un logement convenable*, deuxième rapport intérimaire, Conseil

économique et social des Nations unies, E/CN.4/Sub.2/1994/20, 21 juin 1994 (www. onu. org), consulté le 17 janvier 2006.
- VAN DAMME François (2001), *Les droits protégés par la Charte sociale, contenu et portée*, in Jean-François AKAMDJI-KOMBE et Stéphane LECLERCQ (Éds) (2001), *La Charte sociale européenne*, Bruxelles, Bruylant.
- VAN EYCK Hubert S., « Le logement et l'Union européenne, une relation ambiguë et délicate », *Les Échos du logement*, Jambes, Ministère de la Région wallonne, Division du logement, octobre 2002, p. 145-149.
- WEBER A. (1995), « L'État social et les droits sociaux en RFA », *Revue française de droit constitutionnel*, n° 24, p. 681.

VI. Articles

- D. Batakafua Tshiyoyo, « Droit au logement en République Démocratique du Congo », Village de la justice, 1re parution : 16 février 2022 ; modifié : 21 février 2023.
- J. CLAUDE ODERZO, « Le droit au logement dans les communautés des Etats membres », *in Revue internationale de droit comparé [*Vol.53 *N°4]*, Paris, Octobre-décembre 2001
- Josserand L., « Configuration du droit de propriété dans l'ordre juridique nouveau », in Mélanges juridiques dédiés à M. le Professeur Sugiyama, Tokyo, Association japonaise des juristes de langue française, Maison France-Japon,1940
- M. BENDAOUD, « Le droit au logement tel que vu par le pacte international relatif aux droits économiques, sociaux et culturels : sa mise en œuvre québécoise est-elle conforme ? », *Revue québécoise de droit international*, Québec, 2010.
- Trouillard Emmanuel, Logement et habitat(ion) : De l'espace géométrique au « home sweet homme », *in*

https:/www.scribd.com/document/127745835/Trouillard-logement-et-Habitat, 2013.

VII Ressources en ligne

1) Pages Web et liens HTML

- https://7sur7.cd/2025/05/01/construction-de-la-cite-jardin-de-kinshasa-plus-de-5000-maisons-attendues-en-vue-de
- Littré- Dictionnaire de la langue française https : www.littre.org
- Source : Commission africaine des droits de l'homme et des peuples, *155/96 The Social and Eco- nomic Rights Action Center and Center for Economic and Social Rights v. Nigeria* (2001). www1.umn.edu/humanrts/africa/comcases/155-96b.html Cf. également E/CN.4/2004/48, daté du 11 février 2004.
- Tous les rapports de mission du Rapporteur spécial sont disponibles sur le site du HCDH à l'adresse suivante : http://ap.ohchr.org/documents/dpage_e.aspx?m=98
- Voir la liste de ces Etats sur le site internet suivant : http://www.africaunion.org/root/au/Documents/Treaties/treaties_fr.htm
- www.unhchr.ch/tbs/doc.nsf

VIII Documents officiels

- Comité contre la torture, *Hajrizi Dzemajl et consorts c. Serbie-et-Monténégro*, Communication No. 161/2000, CAT/C/29/D/161/2000.
- Comité pour l'élimination de la discrimination raciale, Communication No. 4/1991, CERD/C/42/D/4/1991.
- Comité sur les droits économiques, sociaux et culturels, Observation générale no 4 : Le droit à un logement suffisant (article 11, paragraphe 1, du PIDESC), Doc. Off. CES NU, 1991, Doc. NU E/1992/23 [Observation générale n o 4].

- Comité sur les droits économiques, sociaux et culturels, Observation générale no 3 : La nature des obligations des États parties (art. 2, para. 1), Doc off. CES NU, 1990, Doc. NU E/1991/23.
- Fiche d'information n0 21, supra note 53.
- Observation générale n o 4, supra note 41 au para. 10
- Observation générale n o 4, supra note 41 au para. 8. Tous les aspects énumérés de (a) à (g) proviennent de ce paragraphe, avec une description résumée.
- Observation générale n o 4, supra note 41 au para. 8. Tous les aspects énumérés de (a) à (g) proviennent de ce paragraphe, avec une description résumée.
- Observation générale No 4, sur le droit à un logement suffisant (article 11, par.1), adoptée le 13 décembre 1991 (voir annexe 1)
- ONU Habitat, 2007b
- ONU-Habitat 2008
- ONU-Habitat, 2009b
- ONU-Habitat, 2010a,
- ONU-Habitat, 2010b
- ONU-Habitat, 2010b
- ONU-Habitat, 2010b
- Onu-Habitat, 2010c
- Rapport Banque Mondiale 2021
- Rapport d'Habitat : Conférence des Nations Unies sur les établissements humains, Vancouver, 1976, A/CONF.70/15, publication des Nations Unies, numéro de vente : F.76.IV.7, et rectificatif [communément appelée Déclaration de Vancouver].
- Voir Haut-Commissariat aux droits de l'homme (HCDH), Fiche d'information n o 21 : Le droit à un logement convenable, en ligne : [Fiche d'information n o 21.

Table des matières

Structures éditoriales du groupe L'Harmattan

L'Harmattan Italie
Via degli Artisti, 15
10124 Torino
harmattan.italia@gmail.com

L'Harmattan Hongrie
Kossuth l. u. 14-16.
1053 Budapest
harmattan@harmattan.hu

L'Harmattan Sénégal
10 VDN SICAP AMITIE 3
BP 45034 Dakar-Fann
direction@senharmattan.com

L'Harmattan Cameroun
Tsinga/Derrière polyclinique FECAFOOT
BP 11486 Yaoundé
Jacques.koukam@harmattan.fr

L'Harmattan Burkina Faso
Villa 281, secteur 23 623, rue 14.32
Ouagadougou
zagbie@outlook.fr

L'Harmattan Guinée
Almamya, rue KA 028 OKB Agency
BP 3470 Conakry
harmattanguinee@yahoo.fr

L'Harmattan RDC
185, avenue Nyangwe
Commune de Lingwala – Kinshasa
matangilamusadila@yahoo.fr

L'Harmattan Congo
219, avenue Nelson Mandela
BP 2874 Brazzaville
deunovmikhael@gmail.com

L'Harmattan Mali
Immeuble Mgr Jean Marie Cissé
Aci Hamadallaye
BP 145 Bamako
syllaka@yahoo.fr

L'Harmattan Togo
Djidjole – Maison Amela
face EPP BATOME
02 BP 20680 Lomé
didieramela11@gmail.com

L'Harmattan Côte d'Ivoire
Résidence Karl – Cité des Arts
Abidjan-Cocody
03 BP 1588 Abidjan
harmattan.ivoire@gmail.com

L'Harmattan Bénin
Rue 604, (Immeuble à l'entrée
de la rue UCAO- Cite de Saint-Jean)
Cotonou
stepcorpus@gmail.com

Nos librairies en France

Librairie internationale
16, rue des Écoles
75005 Paris
librairie.internationale@harmattan.fr
01 40 46 79 11
www.librairieharmattan.com

Librairie des savoirs
21, rue des Écoles
75005 Paris
librairie.sh@harmattan.fr
01 46 34 13 71
www.librairieharmattansh.com

www.ingramcontent.com/pod-product-compliance
Lightning Source LLC
LaVergne TN
LVHW021212061026
849535LV00008B/2698
* 9 7 8 2 3 3 6 5 8 5 5 9 8 *